自分のことは話すな 仕事と人間関係を劇的によくする技術

大是文化

不說「我」，別人才聽你的

不聊天氣、不聊自己、隨身帶三種道具，
當場提升工作評價和人際關係的聊天技術。

超過17年資歷的形象顧問、
流行品牌PURA Tokyo的經營者
吉原珠央——著 郭凡嘉——譯

CONTENTS

第三章

表現優秀的人都有的說話習慣——159

推薦序一
你對聊天的認知，可能都是錯的！

Super 教師、暢銷作家／歐陽立中

啪！啪！啪！就在剛才，我被賞了三個巴掌，我卻覺得無比痛快。你不想知道是誰賞我巴掌嗎？就是吉原珠央！關於聊天溝通的書，我讀了很多，但沒有一本像本書一樣，如此顛覆我的認知。

多數談聊天的書，一定會教你要「找話題」。聊天氣、聊居住地都好，好像只要找到話題聊，就是建立人脈。但作者一開始就打臉這個觀點，因為當你找這些無關緊要的話題，也意味著對方必須附和你的閒聊，最後你們就會在沒有結論的對話裡打轉。表面上，你們是閒聊了，但彼此都知道，場面很尷尬，都在等對方結束話題。

這本書我覺得最厲害的地方，就是作者不僅點破閒聊盲點，還教你一套閒聊技巧。同樣以上面的例子來說，多數人好不容易找到話題，例如問對方：「你是哪裡人？」對方說：「哦！我老家在宜蘭。」這時大多數人會開始講自己跟宜蘭的關聯：「我以前有去過宜蘭耶！」、「宜蘭我知道，就是那個三星蔥很有名嘛！」、「我三叔也住在宜蘭唷！」表面上有回應話題，但完全無助於話題展開。你知道為什麼嗎？

我先說，在此之前，我就屬於上面那三種回應方式。可讀完本書、被賞了一記熱辣的巴掌後，我才知道，問題在於這樣的回應方式，你仍然只在乎自己知道的資訊，並沒有展現出你對對方的好奇。那麼下次，你可以這麼回應：「我大學社遊有去過宜蘭耶，不過印象有點模糊了。對了，如果下次我要再去宜蘭玩的話，你有推薦什麼必去的私房景點嗎？」你看，當你這麼做，是不是又把話題展開，也讓對方能盡情表達了呢？

說到底，本書有個核心關鍵很重要，那就是：「人最在乎的是自己。」你回想一下，當你看到一張大合照，你第一眼會先找誰呢？一定先找自己嘛！接著才會看看朋友在哪裡。同樣的，在聊天的時候，人很容易情不自禁聊起自己的豐功偉業、人生故事、個人看法，可是，那真的是對方在乎的嗎？你說得滔滔不絕，最後換來他一個不失禮貌的尷尬微笑。你以為從此建立一個好人脈，但他只希望下次別再遇到你。偏偏，他也不會告訴你問題在哪，所以我們繼續用這種錯誤的方式跟人閒聊，結果斷送更多結緣的機會。

好在，本書作者是我們嚴厲的聊天教練。她一眼看出問題、一語戳破盲點、一次給出方法。翻開《不說「我」，別人才聽你的》，享受作者熱辣的巴掌，我跟你保證，痛過，下次開口你才不會再說：「我！我！我！」

推薦序二

傾聽越來越稀有，所以越來越珍貴

知名編劇講師／東默農

或許是因為上個世代大家為了生存，面對家庭、面對工作、面對社會時，總是習慣壓抑自己，因此這個世代，開始刮起了「做自己」的旋風。

在這個年代，只是打著「做自己」的旗號，你幾乎是戰無不勝、攻無不克，任何想要叫你遵守的規則，諸如聽話、孝順、忠誠、符合社會期待……只要不合你意，都可以被視為一種邪惡。

同一時間，科技的進步使我們進入了自媒體的時代。每個出色的專家、玩家、夢想家，都能在網路上盡情的表現自己，不只要表現自己的專業，還必須有自己的態度，甚至要曝光自己的生活，把自己吃飯、坐車、逛街、睡覺的人生都揭露給別人看，才能享有人氣與光環。

就算你沒有在經營自媒體，打開社群軟體，每個人都在發表自己的高見、分享生活點滴，抒發情緒，你不說點什麼，好像顯得落伍古怪，你要嘛是個原始人、要嘛顯得枯燥冷漠又自閉。在這個時代，你不談談你自己，似乎就註定無法成功。

老實說，我幾乎不看那些自媒體內容。是的，我正是那個枯燥冷漠又自閉的原始人，每天都在懷疑我是不是生錯了時代，因為我一點都不覺得我的生活值得分享，也不覺得吃飯前需要拍照消毒，或是我的情緒、煩惱以及與家人的鬥嘴，有必要公諸於世。但矛盾的是，我居然是個經營自媒體的編劇老師。

我的 YouTube 頻道和臉書粉專，幾乎沒有任何與我有關的事，頻道上從來都只有編劇、編劇、編劇。因為我不認為人們聚到我的社群，是為了認識「我」，「我」對他們，並沒有任何價值，他們感興趣的是編劇，或更直白的說，他們感興趣的是那個「可以因為編劇而變得更理想的自己」。

人們最感興趣的，從來都是自己。我們都喜歡和懂自己的人交朋友，與懂自己的人合作。或許有人會因為無聊，所以想在網上看別人分享自己的看法，但絕不會有人因為無聊，和你開啟正經的合作。

過去曾有前輩告訴我一句話：「如果你能理解別人的需求，你就能得到你想要的東西。」但我們又不會通靈，怎麼能知道別人的需求是什麼呢？在我們最需要別人「聽我們」的時候，例如求職、談生意、做簡報，面對的都是陌生人，該怎麼知道什麼才能打動對方？本書給我們指引了很好的方向。它告訴我們怎麼正確的開口、正確的傾聽，並且留下你希望在對方心中留下的——正確的印象。

在這個理解與傾聽越來越稀有的時代，能有這樣的知識做武器，更能讓你鶴立雞群，有求必應。

前言
想要對方聽你說，就別只顧著說自己

「為什麼有些人總是自顧自的講著自己的事？」
「那個人老是在我面前講一些有的沒的。」
「在進入正題之前，一定要先聊天氣？」
「這個人的反應怎麼會讓我這麼不耐煩？」

這些充斥在我們日常生活中的疑問，就是我寫本書的契機。

世界上究竟有多少人，能夠客觀的了解到「對方對我說的事根本沒多大興趣」？如果你能意識到這件事，那麼無論是工作或人際關係，都會產生極大的變化。

「別顧著說自己的事情」這個簡單的想法，就是我在本書中最想要告訴各位讀者的訊息。

順帶一提，我在本書中所說的閒聊、不必要的話題，指的是對方根本不想知道、對誰而言都是浪費時間、非常膚淺又表面的那種話題。

請設想一下，在工作或日常生活當中，你遇到了一個讓你覺得「我想和他保持良好關係！」、「無論如何我都想跟他變熟！」、「真想經常和這個人在一起！」、「好想要加深與這個人的關係！」的人。如果對方能跳過天氣這種漫無目的的話題，直接劈頭就告訴我說：「吉原小姐，我對妳關於溝通的想法真的很感興趣，如果可以的話，能不能請妳說得詳細一點？」這種直截了當的做法，會讓我更高興。

又假設，你說了一些和主題，或和真正想問的問題完全不相關的話，把表面氣氛營造得很不錯，然而在這些客套話後，你以為對方就會買你的產品？就能和對方建立起可以結婚的關係？就能通過公司的面試而被錄用？那可不一定。

如果你還是認為：「總之先聊聊天氣吧！」、「先閒聊一下，炒熱氣氛吧！」、「稱讚一下對方說的話好了！」我能斷言，這些都不過是在浪費時間罷了。

這些多餘的話題和閒聊，如果沒辦法讓對方感受到你的魅力或熱誠，只留下一個「喔、那個人好像還不錯」的印象，那不是很可惜嗎？不要光說自己的事，或者說一些自我滿足的哏，反而能讓話題進行得更順利，也會讓對方留下更好的印象。

我自己就是抱持著「不要說自己的事」的想法，並落實在生活上，自此我和伴侶之間的關係，以及工作的進展，都有了顯著的改善。

我目前的工作是形象顧問。除了個別顧問、研習、演講等工作外，我也出版了六本與溝通、表達相關的商業書籍。此外，我也站在女性、母親的角度，以「零負擔」為概念，創立並經營化妝品與時尚品牌公司「PURA Tokyo」。

透過工作，我每天都會接觸到許多海內外的創業家、教職員、醫師、創作家、主婦甚至是學生等，儘管面對不同的對象，對話的目的會有所不同，但最重要的關鍵就是捨棄「只顧著說自己」的想法，向前更進一步，直接挑戰有深度的對話。

第一章

為什麼閒聊對於人際關係沒有意義？

1 連說三次「我」，對方會開始不想聽

我在三十多歲、一次與朋友對話時，犯下了讓我至今仍難以忘懷的錯誤。

當時我在車站偶遇一位多年不見的友人，因此停下腳步與她閒談。

「珠央，最近忙嗎？身體狀況還好吧？」對方露出一如往常的笑容，親切的向我開口。

當時我已經開始擔任形象顧問，所以經常熬夜，還常常出差。對方問我是否安好，儘管身體沒有什麼大問題，但還是不假思索的回答：「唉，最近都睡眠不足，實在是累到不行了！」

聽我這麼說，對方便回答：「哎呀，真是辛苦！這種時候，就是要睡覺才能恢復體力。妳有好好休息嗎？」接著又聊了一些關於我的工作與身體狀況。

拜對方的貼心所賜，我完全沉浸在這個忙碌到身體變差的角色中，想要一個人獨

占她所有的安慰。後來因為彼此都還有其他事要忙，所以我便說：「不好意思，我都顧著說自己的事。」而道別。

之後我寫了電子郵件和對方聯繫，才得知原來我們碰面的時候，她母親正因眼疾而住院，她當時去醫院探完病，正在回家的路上。她母親即將要動大型手術，家人們都相當緊張。聽她說，手術相當成功，她母親之後也恢復了往常的生活。

但我在那時遇到她，想必她的心情非常不安，再加上頻繁進出醫院，一定非常疲憊，我卻只顧著講無關緊要的事，實在令我相當後悔。我應該早點打住自己的話題，詢問對方的近況才對。實在太開心有人能聽我說話，無法控制住自己「想要有人了解我、聽我說話」的欲望。

經歷這件事之後，讓我重新意識到，我必須隨時謹記，這個世上總有人過得比自己辛苦。有了這個想法，就可以避免說出讓對方聽來疲累且毫無意義的閒聊了。

當然，人都有「想要有人了解我」、「想要有人聽我說話」的想法。但是我現在開始實踐，見到面之後，要了解對方三件事的對話方式。

這個對話方式不能以自己為主詞來開啟話題，而是要叫出對方的名字（就算是強制性的，也要試著做到這一點），找出對方能夠聊得上、可以回答出來的話題。

例如，「渡邊小姐，妳這個月很常出差嗎？」、「田中先生，您不是暑假去了一趟夏威夷嗎？那邊的海景美嗎？」、「啊、澤田先生你不久前搬家了吧？最近安頓下來了嗎？」、「加藤小姐，最近您的家人都還好嗎？」

如果你在與對方的對話當中，連續用了三次「我啊」、「我的」、「我們啊」、「我們的」的話，就要馬上把話題轉移到對方身上，強迫自己切換成傾聽的角色。

沒人想聽跟自己無關的滔滔不絕

這個世界上的確有很多人擅長傾聽。

誠如我前面介紹的經歷一樣，人們很有可能聊著聊著，就開心了起來，忘我的講著自己的事。如果對方屬於相當會傾聽的類型，或許對方還會樂觀的想著：「因為我很擅長傾聽，對方才會滔滔不絕啊。」但是，如果經常持續這種狀況，讓你太放縱或依賴，就會像過去的我一樣，完全不顧他人的感受。因此在剛開始交談時，就應該先確認一下對方的情況。這麼一來，不僅可以避免給予對方不必要的壓力，也不會顯露出自己欠缺思慮的一面。

這種時候，請試著見到面之後，提出三個對方會感興趣的話題。畢竟「希望對方了解我」的這種心情，都是由於欲求不滿而造成的傲慢心態。

不說「我」，別人才聽你的

在說自己的事情之前，請先試著觀察對方的臉色、是否流汗、呼吸速度、頭髮或服裝儀容是否整齊、手上提的東西的大小與分量、紙袋上寫的店名或公司名稱、疲勞程度、是否急著去哪、是工作還是私人行程、是否緊張等實際情況與心理狀態吧。

如果見到一個人滿頭大汗進入會議室，請試著問他：「你還好嗎？」、「要不要先喝個東西？」在車站偶遇公司廠商的員工抱著很大的行李，也請試著問一句：「需不需要幫忙？」請用語言和行動，表現出自己想為對方做些什麼。如果你無視對方的狀況，只顧著說：「今天天氣真不錯耶。」那你只是一個毫不關心對方、完全不會察言觀色、自私自利的人。

如果不關心對方的狀況，只說一些：「哎呀我最近好辛苦！」、「嗚，我好累喔。」、「我最近發生了一件事喔！」對對方來說也只是浪費時間。此外，在聊到

「我最近在電視上看到……。」、「我朋友的公司最近來了一個新人，發生了一件超扯的事耶。」這種閒聊時，也要特別注意。

例如在咖啡店巧遇朋友，對方來和你打招呼，請告訴他：「真高興遇到你，謝謝你來跟我打招呼啊！」除此之外，你也可以這麼說：「田中先生好久不見啦！有一個月了吧？在那之後你一切都好嗎？之前真是謝謝你招待我到你家去，你太太的廚藝真好，她最近還好嗎？」、「上週末的烤肉，真是謝謝你一早就開始準備，九月的連休我們再一起出去玩吧！」

本書想要傳達的訊息是，你要重新思考「總之就是要閒聊」、「一定要主動跟對方搭話」這種想法，也不要一味的說著自己的事情。如果你沒有從對方那裡獲得一些資訊，還自顧自的對話，那只會讓整個對談演變成對對方來說毫無意義的雜談。

要是你無法告別傲慢，持續談論自我話題的話，就無法提出符合對方需求的工作提案，或是關於人生的確切建議。

從現在開始，當你和別人交談時，與其選擇一些不必要的事情，或無關痛癢的話題，還不如談談眼前這個人的過去，或是談論不久後的未來。如果能脫下名為傲慢的厚重外套，我們就能更輕易的創造出，對對方而言有價值的對話。

2 對方一直微笑，是對話題無感的偽裝

不知道你有沒有這種經驗，在工作面試、初次與顧客面談，或是私底下與友人聊完天後會覺得：「他真是擅長傾聽啊！」、「我對他說了好多事！」

無論工作或者私底下，如果你感覺到：「啊，我說了好多話！」、「對方從頭到尾都讓我很安心，一直在聽我說話呢！」的時候，其實就要小心了。很有可能，那個聽你說話的人，已經決定今後不跟你繼續往來，但又不想傷害你，因此自始至終都面帶微笑，偽裝成溫柔傾聽者。

當然也有可能，對方感受到你的魅力與未來的可能性，為了從你口中聽到更多的意見和資訊，所以想認真聽你說話。不過大部分誤以為對方很擅長傾聽的人，其實都很不擅長讓出話語的主導權，也不會意識到，其實自己是在強迫對方扮演傾聽者。

某次我的顧客，提起了他在面試他人時的事情。「我今天遇到一個來面試的人，

滔滔不絕的講著自己過去的工作經歷，實在讓我大失所望。這種事我只要一看他的履歷表就知道了啊。我最想聽的，是那些沒有寫在書面資料上，但他想要讓我們知道的事，或是進到了我們公司後，他想要挑戰哪些事，這種具體的對話啊。」

於是我便問他：「面對這種人，你怎麼反應？」

這位顧客告訴我：「我當下並不會表示肯定或否定，只會鎮定的聽對方說。但很多人反而因為我這種反應，越講越起勁，一直講不停。」他接著說：「如果對方看到我如此鎮定，而有了危機感，提出一些犀利的問題，或者提起過去曾讓自己大為改變的經驗，甚至是開始與我討論起工作，那就會大大提升他被錄用的可能。」

他的公司總是能招集到許多本來能力就很高、經驗相當豐富的求職者。能在如此激烈的面試中獲得錄用的人，都是會觀察傾聽者的反應，來選擇話題。光憑履歷表上的漂亮經歷，還是很難被錄用。決勝的關鍵，在於本人的魅力以及溝通能力。

如果你誤以為對方面帶微笑聽你說話，就表示對方很喜歡你，還認為「他真是個好人」、「他一定很喜歡我」，並在自我評價打了一個很高的分數，那就危險了。

當對方越是面帶微笑聽你說話，你越要感謝對方為你付出的勞力，並要經常思考著：「我說的這些話對他來說重要嗎？還是無所謂？」再繼續對話。

不過我並不是叫你不能抱有自信。我希望你注意的是，不要以自己的喜好去決定狀況，反而要像是在看著拍攝自己言行的攝影機一樣，一邊觀察自己與對方，一邊回顧自己。

當然，陳述自己的意見也很重要，但前提是你說的話，必須符合對方的要求，或者你要能將對方帶入你的話題中，營造出彼此都有參與這場溝通的氣氛，你才能獲得對方的評價。

第一步就是，你經常要想著，如果你開始滔滔不絕，對方可能會覺得：「你要講到什麼時候？」、「怎麼講這麼久？」、「可不可以快點講完？」、「這個人到底有多自戀啊？」

表情緊繃，不代表他對話題沒興趣

人有的時候，會因為太專注於對話，或是在對話中，被對方的人品或熱情所吸引，進而忘了要做出溫柔的表情。因此在交談時，就算你看到對方緊繃的臉，也不需要覺得對方對自己不感興趣，因而失望或沮喪。

如果你總是覺得「面帶笑容傾聽的人＝喜歡自己」、「表情緊繃的人＝對自己或現在的話題完全不感興趣」，那就說明你解讀對方情緒的能力太弱了。

過去曾有位男性企業經營者M先生，來參加我的表達座談會，我們進而認識，他總是彬彬有禮又充滿幽默感，而且反應總是讓我驚豔，因此我相當尊敬他。

他經營的企業，除了會派遣演示各種生活用品功能的販賣員到各大賣場外，也提供培訓課程給販賣員，並對各大企業提供接客研習等服務。他本身也會在大型量販店或藥妝店等地方演示商品並販賣，無論是單價幾百日圓或數萬日圓的商品，他都累績了一定的績效。

他曾告訴我一件頗有深意的事：「在店面裡演示並販賣的時候，顧客越是面帶笑容用力點頭，越不會消費；相反的，對我說的話一個頭也不點的人，有時候反而會一口氣買好多個商品。

「那是因為，購買意願越高的人，腦子裡很有可能在敲著計算機，所以表情才會比較嚴肅。反而是笑嘻嘻的人，原本購買欲望就很低，他根本不會有荷包裡的錢要變少的壓力，所以表情就很輕鬆。」

雖然這只是他的個人見解，我卻覺得很有道理。因為我自己也是消費者，當我去買東西的時候，確實會有他所講的那種「表情與腦子的落差」。

在交談時，就算對方面帶笑容，只要你有一點危機意識，那你就可以及時打住不必要的閒扯。其實只要稍微改變一下自己的想法，就能夠避免「這個顧客明明笑咪咪的聽我說話，可是怎麼最後什麼都沒買？」這種讓人遺憾的狀況了。

如果你希望對方為了你而行動，請你務必要以對方為優先，告訴他：「請讓我多了解你一點！」、「請多告訴我一些你的事情！」這才會達到你要的效果。

3 你問的問題，會突顯你的個性

有不少人和別人碰到面的時候，就會下意識想：「總之先聊聊天氣吧！」、「一開始還是先閒聊吧！」

這會讓對方必須附和那些無關緊要的閒聊，而這些人也不會知道對方真正的想法，只會一直在沒有結論的對話裡打轉，但偏偏他們對此就是沒有危機意識。

如果你是這類型的人，請經常反問自己會不會給予對方講話漫無目的、內容膚淺的印象，並要澈底在「說出一句重視對方的話」上面多下點功夫。

當你剛認識一個人的時候，應該會問對方的老家在哪裡，對方也會問你一樣的問題吧？但實際上，這個話題通常最後都是得到一句「喔、是喔！」這類的冷淡反應，然後不了了之。這種狀況實在是非常失禮。

一個人的出生地，是一項很重要的資訊，你應該認真聽取，這樣對方也才會重視你。我自己也有多次被他人問到老家在哪。

對方：「吉原小姐的老家在哪裡呢？」

我：「埼玉縣的川越。」

對方：「喔喔。」

我：「我學生時期一直都住在川越。」

對方：「是喔。」

這段對話就這樣結束了。

對方對我毫無興趣，但因為覺得「還是該講點話、問個問題吧」，讓我聽來有種自以為是的感覺。

我一邊回答對方的問題一面想：「這個人究竟想知道什麼？」、「如果沒興趣的話，不如一開始就什麼都別問。」我自己都受不了自己為什麼會這麼認真回答問題。

無論對誰來說，出身地都是這個世界上唯一一個、特別而神聖的地方，也是自己重要的根源，所以請去除那種「出身地是閒聊時的必備話題，反正就隨便問看看吧」

的心態。

假設對方的出身地是你很陌生的地方，你也不用太擔心。因為比起老家的地點資訊，對方更在意「你是否有認真把自己的話聽進去」。如果你不知道對方老家的地點，而焦急的轉移話題，反而會弄巧成拙，變成下面的對話：

對方：「吉原小姐的老家在哪裡啊？」

我：「在埼玉縣的川越。」

對方：「埼玉啊。我知道草加市那裡的草加仙貝很有名，也有朋友住在那裡。我之前有去那邊玩過……。」

在這個例子當中，他無視了對方的回答，只用自己已知的資訊來展開話題，讓人感覺他的態度很草率。

詢問對方出身地，應該在了解對方之後再問，所以在某種程度上，要先設想一下這個話題可以怎麼展開、如何結束，再做詢問。

如果你正好知道對方的出身地，那你很幸運。但就算什麼都不知道，也無關緊要。我要再強調一遍，重點是聽到對方的回答之後，你是否能夠有禮貌而慎重的聽進心裡，並做出回應。當我們從對方口中聽到自己不知道的事，當下做出的反應，會暴露出自己的個性，以及心情上是否能從容反應。

在這裡，我們分別假設對方的老家是我們知道的地方，以及不知道的地方，兩種情況來做預演吧。

接下來這個例子是對方知道川越時的反應：

對方：「說到川越，『小江戶川越』不是很有名嗎？我大概在兩年前，曾經搭電車到那邊去玩過，吉原小姐對那附近一定很熟悉吧？如果下次要去玩的話，妳有沒有什麼推薦的日本料理餐廳可以告訴我？」

如果不知道的話，就這麼回應：

對方：「妳老家在川越啊。說來真不好意思，我有聽過那個地方，不過不太熟悉，如果從東京出發的話，要怎麼過去？」

我：「很多人聽到川越，都會覺得很遠。但其實從池袋出發的話，可以搭東武東上線，急行電車只要三十分鐘就到了。」

對方：「哇，從池袋過去只要三十分鐘啊！那比想像中的還要近嘛！對外國觀光客來說，也是個方便到達的地方！」

這樣的回應你覺得如何？就算不清楚那個地方，也不會有任何負面影響，只要對去的方式保有興趣並提出問題，就能為整體對話加分。

偶而會有些人順口說出：「我下次一定要去！」但其實你不需要給自己這種壓力。就算你只是自言自語的說：「哇，下次真想推薦朋友去。」也足夠了，這能讓對方感受到，你是認真的有把他的話聽進去。

此外，詢問對方推薦的東西，也是一種可以打聽出對方喜好的小訣竅。

假設我回答：「我很喜歡吃蔬菜，說到川越，那裡的地瓜很有名。」

如果是你的話，會如何回應？

對方：「地瓜啊，哎呀，讓我突然想吃地瓜了呢。既然這樣，如果這次的專案順利結束，要不要到我們辦公室附近那間天婦羅餐廳舉辦慶功宴？他們的地瓜天婦羅非常好吃喔！」你可以試著把對方的喜好應用至對話中，並做出約定。換句話說，就是不要把自己問的問題，以及對方回答的內容當作閒聊，隨口帶過。

如果你總是習慣隨口帶過談話內容，對方可能會發現，每次和你談話，你也只不過是隨便問問、隨便說說。這麼一來，他在面對你的時候，也會開始變得不認真、不真誠。

請捨棄閒聊，且好好的把對方說的話、心情都放在心上，如果他回答了你的問題，你就要全心全意做出回應，並付諸行動。

要是你當下沒辦法做出什麼妥善的回應，也可以加上語氣，慢慢的重複對方的話：「啊，是川越啊。」這麼一來，也可以為自己爭取一點時間。如果你要提出問題，就要告訴自己：「在對話到達目的為止，一定要付出所有心力。」

4 千萬別跟顧客聊不停，重點是成交

以前我以形象顧問的身分舉辦溝通講座時，發生了這麼一件事。

一位在某公司擔任業務的男性來參加講座，他告訴我他在參加公司新進業務研習時，進行了一次角色扮演，當時的情境是要和顧客商談。

當時研習講座的講師這麼建議：「在和顧客交談時，絕對不可以沉默，不管說什麼都好，總之一定要開口講話，想辦法讓對話持續下去。」但他認為實際上要一直對話很困難。這位男性在角色扮演中，就把避免沉默、一定要一直動嘴巴講話，當成最大的目標，這反而讓他幾乎不記得和扮演顧客的同事到底都講了些什麼。

我們來思考一下，和顧客說話的目的到底是什麼？應該就是要讓顧客購買商品，為公司創造利益吧。為了達到這些目的，就必須讓顧客認為「我想要跟這個人買東西」、「我可以信賴這個人」。這位男性也告訴我：「我應該多聽聽對方說話。」對此，我也深表同感。先問出對方的資訊，再配合對方的狀況提案、交談，這才可以賣出商品。

讓我們回到剛才那位業務研習的講師，他或許是考慮到，避免新進業務在跟顧客交談時，因過度緊張、沒有經驗而缺乏自信，容易突然陷入一片靜默，因此才建議他一直跟對方講話吧。

的確，比起經驗豐富的老手業務，新進業務或許常常會說明不足，但如果連經驗、知識、自信都不夠，還要為了不沉默而一直閒聊，反而會令顧客困擾。

首先，請在腦子裡植入一些會讓彼此的貿易關係、人際關係有正面加分的問題吧（購買意願、購買目的、現狀的難處或煩惱、最佳購買時機、對方的喜好、妨礙對方決斷的因素、預算等）。如果你能把這些問題植入在你的意識裡，變成習慣，那就能一邊問出重要的訊息，一邊做出應對了。

一直閒聊，其實是怕被拒絕

當我進到店裡買東西的時候，會有一些店員漫不經心的回答，這都會讓我不禁疑惑，他們真的有想要做顧客的生意嗎？

就算是再笨拙的人，如果可以依照顧客的需求問問題、或者針對個人做出提案，我都會很信任這個人，也會覺得花錢花得有價值。

有些店員很喜歡閒聊，可能是因為害怕被顧客拒絕、不購買產品，所以才下意識用閒聊來避免，也或者是他們在推銷東西時，心裡沒有自覺自己是透過服務，才拿到薪水，也沒有自覺自己應該要更加積極。這種人不只沒辦法好好掌握現況，也無法面對風險，只會逃避。但我認為唯有面對挑戰，才能真正面對顧客，並將與顧客之間的關係，與利益做連結。

如果一個人說自己很擅長跟顧客閒聊、跟顧客聊天可以聊很久，這種人不過是沉浸在自我滿足中罷了。唯有對自己嚴厲，試著深入了解顧客、實際提案，才會讓人真正想要掏出金錢。

要是你覺得實在很難突然切斷閒聊，那你可以在話題與話題之間，製造出一些和自家商品有關聯的機會。例如，你可以這麼說：「對了，聽你提到去旅行的事，我就想要給您看一下我們的新產品，正好今天剛進貨！這款球鞋不僅好看，出去玩時，走起路來也不容易累，真的很輕很合腳，我拿來給您看看！」

當你突然發現自己一直在閒聊時，很有可能是因為你很不安，自以為對方不想認真和自己談話，但你不需要如此不安。如果你在工作時，想要設定一個更高的目標，那請務必捨棄閒聊，主動打造只談必要話題的時間吧。

5 我跟顧客這樣聊，他們立馬跟我買東西

先前有提過，我活用擔任形象顧問時的經驗，在二〇一六年成立了原創化妝品和流行商品的品牌，所以目前我除了擔任形象顧問之外，同時也販賣商品。在某個機緣巧合下，讓我有機會可以在京都某間大型百貨公司裡，進行為期一個星期的臨時設櫃、限定販賣活動。

我的品牌概念是，「針對三十五歲以上的女性，提供零負擔的生活方式」。保養品將天然成分和化學成分，以最佳的比例調和，價格大約在三千到七千日圓（按：大約新臺幣八百元到一千九百元），屬於較高價位。

我在京都幾乎沒有什麼人脈，品牌也才剛成立不久，沒有任何知名度，因此對我而言，這算是首次挑戰實體櫃位販售。讓我先說結果吧，儘管百貨公司的負責人說，沒有知名度的品牌，可能會有點困難度，但我還是在活動期間，達成了整體目標的銷

售金額。

其中也不乏一些顧客，已經在百貨公司買完了東西，一直線朝著出口前進，看似對保養品完全沒興趣，但我向她攀談後，最後甚至向我購買了一萬元日圓（按：大約新臺幣兩千七百多元）以上的產品。這些顧客讓百貨公司的人員和自家員工都相當驚訝：「她們看起來完全不像會買的樣子啊！」

為什麼員工們會這麼吃驚？因為對女性而言，要購買新的保養品，就像平常都要穿西裝、打領帶、穿皮鞋去上班的男性，突然穿起了運動服去工作一樣，是一種很巨大的改變，因此很多人在做決定時都會相當謹慎。

如果我的品牌有在電視上打廣告、請知名藝人代言宣傳，或者是一個大家都知道歷史與實績的高端品牌保養品，那也就罷了。要決定使用像我們這種小品牌的化妝品，對女性而言是一種很大的賭注。在這樣的狀況下，我站了出來，在專櫃前推銷產品。當然，我在接待顧客時，完全不閒聊。

與其閒聊，還不如針對眼前顧客的需求，將自己相當有自信的商品提供給顧客，並且秉持著「我想要多了解顧客」、「有哪些事情是我能為顧客做的」的想法，慎選用詞。

觀察顧客的膚況，連結到商品上

為了創造讓對方了解自家商品、體驗商品的契機，我會先詢問：「您喜歡香氛嗎？」這個問題可以讓對方不假思索的回答：「喜歡啊。」、「嗯……。」等，這麼一來，我就能製造機會，讓對方試用乳液。

接下來，我會打開商品的蓋子，一邊取出乳液，一邊說：「這個乳液連小嬰兒都可以使用，是很高保濕的精華乳液，延展性相當好，塗上去很舒服，要不要我塗在您左手上試試看？」並靠近顧客。這時，我會禮貌性的看著對方的眼睛（避免凝視），面帶笑容說話，並將乳液擦在對方手上。

觸碰手部其實會讓雙方都很緊張。但當我迅速、有禮的觸碰了顧客的手之後，我會將其觸感化成語言說出來。例如，「哇，您的手很柔軟呢！」、「您的手很細緻，摸起來很滑耶！」、「您的手指好纖長，很漂亮呢。」、「您的美甲真可愛！」等。如此一來，顧客就會露出開心的表情說：「哎呀，謝謝你！」並自然延伸到平常保養皮膚的話題。

如果對方說：「我平常都沒什麼在保養，真難為情！」那麼我就可以問她：「平常是不是很忙碌？」來得知對方是因為太忙而沒有時間，還是有興趣但沒有接觸的機會，又或者因為皮膚很敏感，導致很難選擇化妝品。

對於在賣場上已經試擦了其他品牌乳液的顧客，我也曾在她正要朝向其他品牌的商品架移動兩、三步時，面帶微笑的向她攀談：「您好，他們家（顧客實際試用過的其他品牌）乳液的香味很療癒對吧！」

如果顧客說：「對啊，那個牌子的香味真的很舒服。」那我就會試著問：「您喜歡哪一種香味呢？」當對方說：「比起那種很甜膩的味道，我更喜歡柑橘類的清爽香味。」我就回答：「您喜歡自然清爽的香味啊，就跟您給人的感覺一樣呢！我正好有一款味道很清爽的精華乳液想介紹給您，如果您不嫌棄的話，請務必來看看！」接著把顧客引進自己的櫃位。

遇到喜歡香氛的女性，可以談一些香味對腦部能帶來哪些效果及影響，讓對方了解香味的功用和商品的附加價值。但是如果你沒這麼做，只是聊一些和商品無關的話題，或是單方面說明商品超過三十秒鐘，都只是在浪費時間而已。

藉由這次期間限定的設櫃，我得以和顧客聊肌膚乾燥、隨著年齡增加而造成的斑點、皺紋等話題，並獲得共鳴，甚至聊到顧客的生活模式，這些對我而言都是很開心且寶貴的經驗。

如果對方從事的是服務業，或者是正在找工作的學生，我就會以形象顧問的經驗，給予個別化妝與保養的建議。其中還有位單親媽媽，正要踏出人生新的一步，她說自己從小就對自己的長相沒什麼自信，我從她身上，聽到了相當寶貴的人生故事。

每當我和一位顧客談話，我心裡就更想為對方做些什麼。最重要的是，在有限的交談機會中，自己能關注在顧客生活模式的哪一個部分上。對方是否因工作忙碌而疲憊？是否因照顧小孩而長期睡眠不足？是否想要消除緊張？是否因為年齡，而想要在肌膚保養上更下功夫？是想要藉由香氛獲得療癒、還是比較重視視覺上的抗老？找到這些重點，也是對顧客表達敬意的方式。

「我們這款全效精華乳液的配方，連嬰兒都能使用，您要不要試試看？」、「就算只聞聞香味也沒關係，請您務必試一試！」、「這個防曬乳液保濕感很夠，卻很清爽，請您在離開前擦在手上看看！」我只要拿著自家的乳液，就能創造出與顧客談話的短暫時光。

在顧客撥出時間給我後，我就必須在前面的兩、三秒鐘，讓顧客覺得能信任我，並營造出我很好交談的氣氛。藉由這個經驗，我更可以證實：「不需要閒聊！」、

「不需要說一些自己的事！」、「仔細傾聽眼前顧客說的話！」

顧客所要的並不是閒聊，而是「對方很認真的對待我」、「我需要他的提案」這兩點。你並不需要把不能中斷對話當成目的，也不需要閒聊，只要你能讓對方覺得「他的提案能解決我的問題」，相信你就能虜獲對方的心。是否能與對方建立關係，並且連結到金錢利益上，這全都取決於你自己！

6 老是想講而講，別人就會忽略你的重點

平時要是遇到有人在我面前，開始閒聊一些有的沒的，或是用輕浮的態度回應我說的話，我都會感到遺憾。

因為這會讓我心中浮現：「就算你對我不感興趣，也不用做得這麼明顯吧！」、「現在不需要聊這個吧？」、「他現在講的這個，就算對象不是我也沒差吧？」等疑問，並且對此感到有壓力。

在工作或貿易等商務場合中，當你正迷惘該不該選擇對方當你重要的合作對象，而你心裡又浮現出前面那些疑惑的話，這些疑惑就會影響判斷。反過來說，我們自己也要避免讓對方產生不必要的疑問或壓力，在這裡我就要舉幾個，因無意義的閒聊而吃虧的案例：

1. 在相親的時候，對方還沒問，自己就滔滔不絕的講著自己的事。
2. 對方明明對雞蛋過敏，卻還高談闊論最近迷上的鬆餅店。
3. 明明是自家公司新商品的企劃會議，卻開始講「A公司的商品真的很棒」、「要推出暢銷商品實在太難了」等羨慕別家公司、對自家公司失望的言論。
4. 明明有一個近兩天就要決定的議題，卻在有限的三十分鐘的會議上，開始討論起某位同事被調職的八卦。
5. 把自己很值得驕傲的朋友，從一開始認識到現在的事蹟，用一種說故事的口吻說出來。
6. 把熱騰騰的湯品端上桌後，卻站在顧客的桌邊長達十秒以上，慢吞吞的說明湯品的內容物和特色。
7. 育有男孩和女孩的家長，不斷對只有女兒的母親說：「男孩子有特別可愛的地方。」

以上例子都有一個共同點，那就是這些話題對方完全不想聽。這些只不過是說話者「因為我想講而講」、「因為我希望對方了解我」。如果總是說這種話，會讓你在重要場合上，失去被對方選擇的機會。

這種類型的人，在說話時只考慮到自己的立場，沒有觀察周圍，又或者過於自我陶醉。這麼一來，這些人就會被他人視為傲慢之人，而這些人完全沒發現，對方可能會因為自己的行為感到有壓力，這真的是相當遺憾。

從只說自己，轉變成雙方開心交談

不過話又說回來，就算他們經常聊一些無意義的話，也不代表他們個性很差。我甚至可以說，這些人多半很友善、喜歡與人和平共處，或者經常扮演和事佬、朋友間的開心果。此外，有不少人是個性正直、不擅長說謊，想要為人與社會貢獻己力、抱有志氣。不過也不乏有許多自戀的、對自己很愛講話的行為缺乏自覺的人。

但本書並不是要告訴你，不可以和這些人來往。最重要的是要審視自己的行為，看看自己是否在不知不覺間、在對方不是特別想聽的狀態下滔滔不絕。

在選擇人生重要場合的夥伴（結婚對象、再婚對象、治療疾病或傷痛的醫師、購買房子或汽車時的業務員、取得證照或上課時的講師等）時，如果對這個人感到些許不安，不管是誰都不會去選擇那個人吧。這和學歷、經歷無關，無論個性開朗還是陰沉，老是喜歡講一些不重要的話的人，通常不會察覺到，願意留在自己身邊的人越變越少。

我可以說，喜歡閒聊的人，通常都無法好好利用自己與對方的時間。而且還自以為「我很擅長跟人閒聊」、「無論對象是誰，我都可以跟他交談」、「對方很想聽我講話」，就算我們告訴他：「要多思考一下時間的價值！」他們或許也不太能接受。

假設你一天上班時間是八小時，如果你每天一直在閒聊，扣掉休息和工作的時間，那麼人生就有整整四個小時都被你浪費掉了。以一年來算，大約就浪費了九百六十個小時，當你知道這個事實時，難道不覺得驚訝嗎？

以一年三百六十五天、八千七百六十個小時來算，就是一年中，大約有一又三分之一個月都被閒聊所淹沒。如果你有一又三分之一個月的時間，你會想要怎麼運用？這個時間不僅可以去一趟長途旅行，也可以提升外語能力，甚至還可以改造自己的體型，讓自己的外表如獲新生。所以請在一些和過去相同的對話當中，開始試著主動察覺和意識：「這是閒聊吧？」、「這話題或許對方不想聽！」並試著更敏銳的發覺過於表面的對話。

不說「我」，別人才聽你的

當你一味說著自己的事情時，請在最後附加一句：「真不好意思，我都光顧著說自己的事。古川對這件事有什麼看法呢？」如果能加上一句讓對方必須回答的問句，就能成功的將話語權從自己轉換成對方。

為了讓自己在重要的場合能被選上，請務必從「說自己的事」，轉換成「創造出讓對方能開心交談的場面」。

7 三種無意義的閒聊，請避免

許多人想要提升閒聊能力，這些人當中有的人喜歡社交；有的人個性開朗；有的人過於嚴肅認真；有的人可能是為了要在工作上拿出成果。

但是就算用天氣的話題迴避沉默，用準備好的閒聊取得了對方的笑容，或是說一些專業知識，讓對方稱讚：「喔，你懂得真多！」也不見得就能達到目的。

自身的博學、豐富的人生經驗，讓你擁有許多有趣的小知識，這或許可以炒熱當下的氣氛，但如果考慮到是要一起合作的工作夥伴、戀人或家人，甚至是希望能獲得大筆資金投注或簽訂契約，那麼這些小知識，或許不夠讓人對你印象深刻。

人在要達成重要目標時，如果只是以各種閒聊話題去和對方溝通的話，我認為你並不會達成目標。

說到底，一心只想提升閒聊能力的人，根本沒有注意到，他們其實離「理想的自己」越來越遠。如果你覺得非常憤怒，心想著：「這樣做到底哪裡不對！」要是你真這麼認為，你大可去和別人閒聊。彼此沒有簽訂契約、期限、預算、銷售目標等限制的話，大可放心的使用充裕的時間，讓周圍人開懷大笑。但如果你有想要達成的目標，那麼我就要介紹三種，在本書中我認為不必要的閒聊：

1. 對方沒問，也沒興趣知道的話題：純粹是你的個人意見，很一般的內容。
2. 「大概是、可能是」：沒有證據的傳言或推測，例如「我覺得」等內容。
3. 沒有任何收穫的話題：只是為了不讓談話中斷而出現的話題，可能會讓對方認為「所以呢？」這種對誰都沒有好處或收穫的內容。

相信大家應該不難想像第一點吧。

當遇到一個博學多聞的人，他告訴我一些我原本不知道的事情，或是對方替我擔心，給我一些建言時，我通常會受到一些刺激與學到知識，我非常感謝這些人。但大部分我遇到的都是一些「你說的我早就知道了」、「這件事我比你更清楚」。

在這個時代裡，只要上網搜尋，就會有許多比你更有專業知識的人給出意見，也很容易找到許多有科學根據的數據資料。所以除了只有你才經歷過的寶貴經驗（經歷過戰爭、生過一場大病等）外，當對方遇到一些轉職或戀愛上的煩惱，希望你能給出一些建議時，你都必須抱著冷靜、謙虛的態度。畢竟，對方或許並不是真的想要有建設性的意見，而是希望你能有同理心的說：「真是辛苦你了！」又或者只是想找個人聽他說話罷了。

即使我說到這裡，你還是想給意見，那就試著先加一句：「也許是我太愛管閒事了，其實我也跟你犯過同樣的錯誤……。」讓對方知道你無論如何，都想告訴他，如此一來，對方也會覺得這是值得感謝的建言。

在平時就經常獲得周遭的信任、常被要求提出建言的人，應該要揮別「我是好心給你建議」這種傲慢心理，反而要向對方表示：「你願意來詢問我的意見，真是榮幸！」、「謝謝你願意聽我說話！」這麼一來，你也會在對方心裡，逐漸成為一位值得尊敬且不可或缺的人。

就算是不小心，你也應該避免擺出一副「在這種時候，就應該要這樣做啦！」的態度，因為你這樣會讓對方覺得，你只是想講自己的事，沒有重視對方，且你所講的資訊在對方耳裡聽起來，也會顯得沒那麼重要。

第二點的缺乏證據的傳言、推測，內容大概是這樣：「貴公司使用的是A公司的IT（資訊科技）系統吧。我聽說A公司員工的作業量很大、加班時間很長、公司評價也不怎麼好喔！」像這種「聽說」、「好像有人說」等充滿臆測的內容，對聽話者來說，也只是在浪費時間。

以前我曾搭計程車經過美國大使館附近，當時的男性計程車司機突然高聲的說：「大家都說美國總統好像討厭日本討厭得不得了！」接著開始講個不停。每次發生這種事，我都會重新審視自己，希望自己不要變成那種別人根本沒問，就忍不住一直要發表意見的人。

最後要來談第三點，只是為了不讓談話中斷，但對誰都沒有任何收穫的話題。通常會說出只能讓人回答「所以呢」，且無法延伸話題的人，明顯就是缺乏為對方著想的心。

這是某天我在商店裡排隊結帳時發生的一件事。

店員對排在我前面的顧客說：「這邊請您填一下會員申請表。」在這位顧客填表格的時候，店員一邊等，一邊滔滔不絕：「今天天氣真好，太陽很大呢，要是明天天氣也跟今天一樣就好了！」顧客一邊填，一邊回答：「是啊、是啊。」但我發現他因為要回話，根本沒有辦法專心寫字。

直到顧客說「寫完了」之前，那位店員始終講不停，顧客還因此寫錯了字。儘管店員精神飽滿的喊著：「謝謝光臨！」目送顧客離去，我還是覺得滿傻眼的。店員想必是誤以為不要中斷對話，才是提供親切良好的服務吧。但在這種時候，我相信保持沉默，讓顧客專注、迅速且正確的將資訊填入表格，才符合顧客需求。

不管是哪一個例子，我相信你都已經深刻了解到，不必要的閒聊，在很多時候會造成對方困擾。以上三種閒聊，不僅是在浪費對方時間，也會讓對方對說話者的評價下降。

到此為止，我說了很多「閒聊是浪費時間」、「不要說一些無意義的話」，或許有人覺得這個作者真是頑固、缺乏幽默感。儘管我認為「閒聊是在浪費時間」，但其實我也很喜歡昭和時代的冷笑話，在帶小孩而感到疲憊、不耐煩時，也會跟其他家長聊著：「沒錯沒錯，就是這樣！」一邊盡情大笑、抒發壓力。

前幾天，我才在廁所裡和公司一位六十多歲的女性清潔員工聊了兩、三分鐘。這時你說不定會認為：「這難道不是閒聊嗎？」那位女性知道我把小孩放在托兒所來工作，每次遇到她，她總會為我加油打氣：「媽媽（我）加油唷！」、「如果我是妳家小孩，一定也會很喜歡看到認真的媽媽！」、「我在年輕的時候，讓我的孩子過得很辛苦。就算是在工作，但只要在孩子身上投注足夠的愛情，妳的孩子一定也會很幸福的！」每次和她談話，我總是能獲得許多力量。

這樣的對話，和無意義的交談不一樣，差別在於，你是否能在說話時，心中充滿為對方著想的心意。無論你在和誰交談，當你可以感受到「這個人是很真心誠意的在面對我」，那就不算閒聊。

在對話時，請務必小心前述的三種閒聊。

8 自尊心不上桌，對話才能順利進行

「上次我坐某某航空頭等艙的時候啊……。」一位男性開始扯著嗓門講話，只見同一群人中，大家都紛紛驚嘆：「哇，好棒！」

這時候，同一群人中出現了另一位男性，他也高聲說：「我也曾經在某某航空的頭等艙……。」一開始講起自己搭乘頭等艙的經驗，讓我聽了都覺得這是一場炫耀大賽。其他的年輕人不得不對這兩個人的話做出回應，因此被迫聽了十分鐘以上。

除了頭等艙之外，我還曾聽過有人炫耀以前喝過多少高級紅酒、認識多少達官貴人等，這個世界上，天天都有人在炫耀。無論是什麼樣的話題，只要開始和對方競爭，而其中一方又不肯退讓一步，雙方就很難開心的結束話題。不只如此，彼此也會變得不想再見到對方。

如果總是炫耀一些小事，也會讓人覺得這個人眼界很小，如果是要選擇工作夥

伴，很可能就不會選擇這類型。這麼一來，這種炫耀的話題，根本毫無意義。順帶一提，極富有且享有名聲、品行又好的人，通常言行舉止都非常低調。他們平常就會很小心，不要用「我擁有那些東西」這類的話題，引發不必要的嫉妒心和敵意。

要注意話裡是否帶有競爭含意

不過在我們平常一些不經意的言行中，會讓人覺得你有競爭之心。例如，你在公司裡，要向主管報告業務。當你報告完後，主管問你：「要向C公司提案的報告準備的怎麼樣啦？」你回答：「我早就準備好啦！」

光是這麼一句話，很可能會讓人覺得你是不是想要一較高下；相反的，如果要給人好印象的話，可以這樣回答：「我這邊已經準備完成了，明天早上十點前可以全部提出，再麻煩您明天幫我確認一下。」提出具體時間或日期，不僅顯現出你的可靠，也讓人覺得你很沉著穩重。

當你和對方意見不同時，就更要注意不要有競爭姿態。工作場合中，雖說經常會需要交換意見，但並不意味著你一定要跟誰分出個勝負、賭上自尊心爭個沒完。大家一起議論，不過是為了公司的最佳利益或達成成果罷了。

我們來假設一個沒有明確目標時的狀況：在社區集會時，社區居民討論地區辦活動時使用的手帕，要向哪一個業者下訂單。這時有「一直以來我們都跟吉田商店下訂啊，今年也照老樣子吧！」和「今年鈴木商店降低二〇％的成本，所以我們跟鈴木商店訂吧！」兩派意見。

「熟悉的廠商比較好」和「重視成本」這兩派人的意見，就像天和地一樣遙遠且沒交集。如果彼此不要有競爭心理，而是試著整理出應該重視的要素，相信很快就會得出結論了。

換成是各位的話，會用什麼方法達成目標？如果是我的話，或許會先去和吉田商店確認是否能議價吧。先讓吉田商店知道，自己希望價格能再低一點，並了解如果想讓對方讓步的話，必須具備哪些條件，之後再去和社區的居民討論。

我自己在大樓管理委員會上、小孩學校的家長會上交換意見時，也會特別注意。在參與對話、溝通的時候，一定要經常警告自己，每個人的價值觀都不一樣。

如果是跟附近居民、小孩學校有關的決定，就算稍微有點不合理，但只要沒有什麼實質上的損失，我通常都會隨波逐流，心態上也比較豁達。

不說「我」，別人才聽你的

當然有時難免會有一番激烈的討論，但如果要和對方激烈的展開攻擊性的言論，那前面提到的那個社區活動，就根本不會討論出結果。互相競爭，只有百害而無一利。為了達到目標，請謹記不要說多餘的話，避免不必要的紛爭，盡量隨時讓自己保持從容。

9 道歉與道謝，都需要練習

過去有一則新聞，報導在日本三一一大地震後，一位小學生從受災地轉學到關東的學校，卻被新學校的班導師取了一個「○○菌」的綽號。

那位班導師本人是這麼說明：「這個綽號取自很受歡迎的卡通人物○○菌，所以是很親切的稱呼啊。」

這位小學生曾經被朋友霸凌，而向班導師求救過。儘管如此，這位班導師還是做出如此輕率且不成熟的舉動，傷害了小孩子的心，一想到此，我便怒不可遏，甚至覺得無比哀傷。

在該小學舉辦的記者會上，有一位教育委員會的男性，說明整件事情的經過。但當他在說明班導師是從人氣卡通的角色獲得靈感，才取了這個綽號時，臉上很明顯的還掛著微笑。

當我們在極度緊張的時候，越是想要隱藏緊張，臉部表情就會越溫和，有時候甚至會用一種好像在用鼻子笑的說話方式。但是想到自己的立場與狀況，就應該在事前有所意識，並先在腦子裡做整理，面對鏡子練習，這樣才可以避免引發周遭的不滿與不安。儘管你沒有惡意，但如果最終還是讓大家認為你的說明或道歉非常輕率，反而會造成不必要的傷害，也會激怒意料之外的人。

除了道歉、謝罪之外，態度草率也會讓對方覺得你很失禮。過去在一個談話性節目上，那時來賓正要送主持人禮物。這位主持人在打開禮物盒之後，仍不斷說著其他話題，對禮物的反應，也只是用微小而低沉的聲音說了一句：「哇。」而已。

當你的手一接觸到禮物的包裝，就要把語言和態度，轉變成「讓對方開心」的模式，並表現出來。例如，「哇，裡面是什麼啊？」、「包裝好美喔，拆開來真可惜，現在可以打開嗎？」等，一邊傳達期待與感謝，一邊與對方共享自己雀躍的瞬間，讓這份禮物不再只是一個「物品」，而是能夠烙印在心上的禮物。

打開盒子瞬間脫口而出的「哇！」不論聲音高或低，可以比平時再拉長一．五秒鐘，接著再用堅定的語氣說：「真的謝謝你送我這麼棒的禮物！」這樣更能傳達你的感動與喜悅。

此外，也有一些場合並不需要很慎重的道歉。例如，在人擠人的百貨公司裡撞到別人，如果對方用很清楚的音量表達：「啊，真是抱歉！」通常我會認為，這個人大概平時就很習慣開口說出自己的想法，是個很有禮貌的人。

但是也有那種撞到人，不僅沒道歉，甚至還對你怒目相視，這種人就會讓人覺得他脾氣暴躁、不好相處。這一瞬間的反應，濃縮了一個人的本性，我認為大家都應該要非常小心。

某一天，我的孩子在公園裡玩耍。有個小孩子對我的孩子動了手，隨後，那位小孩的家長過來和我道歉。小孩子在玩耍時，經常會忍不住動手，所幸的是沒有人受傷，也沒有釀成什麼嚴重的大事。且對方家長那真摯的態度，深深的打動了我的心。

又有一次，我在詢問女兒為什麼哭，這時候另一個小孩的母親，就嘻嘻哈哈邊笑邊走過來告訴我：「哎呀，我們家小孩好像打了她一巴掌！不過好像沒怎麼樣吧。我們家小孩本來就很皮啦！」接著不知不覺間就離開了。

要特別注意，這種時候，無論是什麼理由，動手的一方如果說「沒怎麼樣」，反而會激怒對方。小孩子會看著大人的身影、受大人的影響而成長，所以看到別人的行為，總是會讓我反省。

無論是道歉還是道謝，都會展現出那個人是否堅強、是否正直，甚至能看出他謙不謙虛。一旦決定要道謝或道歉，就要展現出最大的誠意，這才是成熟的表現。

不光是演講或發表，我認為就連道謝和道歉，也應該要在鏡子前面練習才對。

10 有一種讚美，對方其實不開心

一說到交談，或許有很多人覺得一定要稱讚對方。不過我從以前就一直覺得成人之間的稱讚，好像有些不對勁。因為稱讚對方，會給人一種高高在上、自以為了不起的感覺。

無論是工作或者私下往來，我都會特別注意，要用一種感謝對方、對方有哪些地方值得尊敬、這個人有哪些長處實在太優秀的態度來表達。

我相信面對眼前的人，如果一直想著：「一定要稱讚他！」無論是誰，或多或少都會覺得有一點壓力吧。此外，站在對方的立場上，就算獲得了出乎意料但輕率的稱讚，且還帶有一種「我是在稱讚你」的態度，對方也會很有壓力吧。

我曾經開設講座，訓練販賣通訊器材的業務員如何接客。當時大約有三十多位學員，平均年齡都在二、三十歲左右。我問他們：「在和顧客交談時，你們最重視什麼？」竟然有一半以上的人都回答：「稱讚顧客。」我立刻就說：「那麼我們馬上來試試看吧，把旁邊的人當成顧客，互相稱讚。從我這邊看來坐在左邊的人當店員，右邊的當顧客。好，三、二、一，開始！」接著，整個會場就聽到此起彼落的聲音：「您的髮型真好看！」、「您的笑容好甜喔！」請等一下！如果真的對顧客說出如此唐突的讚美，大家都不會覺得很不自然嗎？

當然，被人稱讚這件事本身很值得高興，但明明是初次見面，就對顧客說出像某種罐頭音效的稱讚，相信很多人都會不禁懷疑「到底是在打什麼鬼主意」，而無法開心起來吧。

「總之只要稱讚對方，對方就一定會開心」，這種想法其實相當失禮，且毫無意義。輕率的稱讚，不過是說話者的自我滿足。所以我建議試著去找到對方值得感謝的行為、令人尊敬之處、厲害的優點。

話說回來，前面提到的那個講座上，在聽到我說：「想像他是你的顧客，請試著稱讚他。」時，也有學員一直保持沉默。這也無可厚非，畢竟突然說要稱讚對方，很有可能根本找不到。接著我改變指令：「請充滿誠意的告訴顧客你很感謝的地方。」幾乎百分之百的學員都能自然說出：「今天下大雨，天氣這麼不好，非常感謝您光臨本店！」、「謝謝您喜歡使用我們的手機！」

這種想法也適用於私下往來。例如，有一位家長告知你，關於小孩學校的聯絡事項。這個時候，你不會說：「謝謝，你真是一位品味很好的時尚媽媽耶！」而是應該要說：「謝謝妳！真是幫了我一個大忙！田中太太每次都這麼貼心，真的是非常感謝妳！」如此一來才更真實，也更能傳達你的心意。

此外，在交談時，也應該要捨棄「想被對方稱讚」的想法。如果你想被稱讚，你就很容易想炫耀，或是刻意讓自己看起來很厲害。比起對方，你會更專注在自己的話題上，這會讓人很快就發現，你根本不關心對方。

我相信每個人都可以更輕鬆的對對方說出一些正面話語。「吉田小姐打招呼總是這麼有活力！」、「田中太太，謝謝您今天特別抽空出來見我！」、「岡田先生的聲音好有精神！」、「謝謝您總是對我這麼費心！」、「每次看到您的時候，背總是挺的這麼直，您的體態真好，好想多向您學習！」等。

為了能夠發揮語言的力量，不妨從今天開始，找出對方讓你覺得「謝謝！」、「好厲害！」的具體事例，試著張開嘴巴說出來，並養成習慣吧。比起稱讚，抱持著尊敬與關心的心情，更能增加你說話的深度，也更能留在對方的記憶裡。

11 成為讓人稍微有點緊張感的人

過去我曾在女子大學裡擔任兼任講師，當時我在課堂上模擬就職面試，那時候有一位學生這麼說：「我會努力工作，希望成為一位受顧客喜歡的人！」她似乎認為，工作的目標就是要受到顧客喜歡。

在工作上或是和任何人相處時，讓對方喜歡你，真的很重要嗎？

我們在社會上，應該要避免做出一些極端的言行舉止，以免讓別人不快。假設你認真的希望自己能輕鬆的和周遭人往來、獲得對方信賴、一步一步穩健的提升收益，或是想受到主管、重要人士的青睞與重用、想要獲得一個重要的職位等。這時，與其成為一個被他人喜歡的人，我認為你應該要讓對方認為你是不可或缺的人，所以應該要將目標設為「會讓對方稍微感到緊張的人」。

所謂的「讓人有點緊張感的人」，不是說你要擺出一副不高興的表情；跟別人談話時，用上對下的態度，或講一些權威性的話語。請試著將它想成是一種刺激吧。能給予對方刺激，會比「讓人喜歡的人」更能獲得他人強烈的信賴感，也更能帶來許多機會。

「稍微有點緊張感的人」的特徵：

1. 內心很堅強的人：無論外面是下大雨還是飄雪，就算身體狀況欠佳，只要決定要做，就會毫無怨言，冷靜且迅速執行已經承諾過的事。

如果身邊的人如此堅定，你自然而然也會想要和對方看齊，因此油然而生一股緊張感。

2. 自己出了錯，別人還是會給予機會的人：就算你犯下遲到、趕不上提出資料的期限等過失，對方還是會告訴你：「下次不要再犯了喔！」並且相信你。

即使你犯下無法挽回的錯誤，對方還是會給你機會，讓你感受到他的恩情，因而產生一股「下次不能再背叛他的期待了」的緊張感，這股緊張感，想必可以轉化為專注力，最後達成對方的要求。

3. 不會因為麻煩而動搖：他會認為「事情已經發生、不能改變」，因此總是會搶先好幾步動作。

只要一遇到小困難，就一直說「太爛了」、「煩死了」、「不行了」的人，會讓人很焦慮，並對他感到不安。但如果他能沉著解決，看到那副模樣，想必你也會受到刺激，覺得自己也應該挺起胸膛、有自信的去應付才對。

4. 會說「我轉職了」，而不是「我準備要轉職」：總是在真正獲得某些成果之後才報告的人，是懂得資訊與語言的重要性，總是慎重思考的人。

無論是工作還是個人事務，有很多人總是喜歡說「我打算做〇〇」、「我想要〇〇」，這種人會讓人覺得，他根本還沒做好心理準備。

只要碰到什麼事情，他便開始說：「我要做、我要做」或「我會做、我會做」，結果什麼成果也拿不出來，這種話對聽者來說一點益處也沒有。對說話者而言，有時候他也只是透過宣告「我有一個計畫」，來自我滿足罷了。

當你自己是重視成果、謹慎說話的人，你身邊自然也會聚集這類的人，如此一來，彼此就可以發揮正面影響了。

5. 能說出下一步要怎麼做的人：這種人能夠不拖延，立即行動。

會議上，要是有人經常把「這件事很難辦」、「實在是沒辦法做決定」、「先看看狀況好了」、「下次再討論」掛在嘴邊，那他通常無法在有限的時間內做出判斷，也缺乏決斷力與行動力。相反的，要是一個人經常說「現在就來決定下一步要怎麼辦吧」、「今天先試著提出兩個想法吧」等，表示他很嚴格要求時間與成果，是可以信賴的人。

當一個人能夠讓周遭的人認為「想跟他一起工作」、「在他身邊似乎能學到很多」時，旁人不但會挺起背桿、接受刺激，也會對這個人懷有敬意。

6. 會提出一對一邀約的人：這種人遇到了喜歡的人、想一起共度時光的人，都可以主動示意。這種人能辨別出，什麼樣的緣分是自己想要的，同時也具備良好的行動力。

與其總是跟許多人一起行動，能夠創造出一對一談話場面的人，幾乎都很重視人際交往的品質。如果你總是發出這種邀請：「大家都要去，你要不要一起來？」或者經常收到這種邀約，我建議你要去和「會帶給人緊張感的人」相處。

在日常生活中，要是你都和一些絲毫沒有緊張感的人一起度過，久而久之，你對客觀審視自己的敏銳度也會跟著下降。所以現在就馬上做個「稍微有點緊張感的人的名單」，試著向名單上的人發出邀約吧。

7. 即使已經很充裕了，卻還是會說「我還有很多地方需要學習」的人：與其說謙虛，不如說是能表現得很謙虛。

在各個業界和頂尖人士一起工作的人，必定相當有自信。與此同時，也會因為要和許多比自己厲害的人一起工作、往來，更能讓人意識到「人外有人、天外有天」。一個人如果有能力、涵養、人望和影響力（這裡並不是指很有名的意思），還能認知世界的廣大與自身的渺小，這種人就能看起來對誰都很謙虛。

身邊如果有上述介紹的這些人，自然就會覺得自己還有很多不足之處，讓你受到刺激，身體裡彷彿有一股要求自己奮發圖強的電流在流動著。

這種「讓人稍微有點緊張感的人」，通常也是個性穩重而寬容的人。

如果你不把「被他人喜歡」當成目的，反而能優先重視對方是否滿足、是否能按部就班拿出成果，那你就能成為不可或缺的人。今後你的目標是要當個「讓人喜歡的人」，還是「讓人稍微有緊張感的人」？假設你的一言一行都只是為了要討人喜歡，那對方是否能夠察覺你原本的優點？

你所擁有的信念與有禮的習慣，才會感動人心。舉例而言，假設你要寫一張便條紙向同事表達謝意，你一定會寫上：「一直以來真的非常感謝你！」對遲到而非常沮喪的人，你也會帶著笑容說一句：「沒關係，快點進來吧！」讓對方安心；到咖啡店或餐廳點餐時，不要只依賴對方，讓自己積極一點，幫忙點餐；傳簡訊或 Line 等社群媒體的訊息時，要試著讓自己最後一個回覆。這些貼心小行為，綜合起來就會成為一個人優點的軸心。將這些看起來很普通的一件小事都累積起來，別人對你的印象就會慢慢轉變為「這個人真了不起」。

說起來，我以前讀小學的時候，班上有一位很安靜的同學，當時我在他身上感覺到了自信。因為他有著自己獨特的世界觀，不會和別人群聚在一起，下課時間就算只有自己一個人也無所謂。

不管是大人的世界，還是小孩的世界，總有一些人會閃閃發光、身邊永遠有朋友圍繞、說話很大聲，但這種人不見得能成為領導者、被人喜歡、受到眾人信賴。唯有讓人感到「這個人有自己的主見」，且總能貫徹一個很重要的信念，才是「讓人稍微有緊張感的人」。

我自己還無法到達這樣的境界，不過至少我已經不會因為要討好別人，而違背自己的言行，也不會因此感到焦慮。我目前在與人交往的時候，也會努力實踐「讓人稍微有點緊張感的人」的特徵。

各位讀者如果也像我一樣的話，讓我們不妨就用各自的步調，朝著成為一個「讓人稍微有點緊張感的人」的目標前進吧！

12 明智的人不閒聊，而是談下一步怎麼做

我幾乎每天都會自己開車出門。

我經常去住家附近的一間加油站，這間加油站有位男性店員，無論仲夏或寒冬，他總是用豐富的表情、爽朗的音量打招呼，做事也非常俐落。

除此之外，他態度友善，也積極的向顧客對話：「快要暑假啦，你們家要出遠門嗎？要不要趁這個機會順便換一下機油？」、「自從上次之後，汽車的水箱狀況應該還好吧？」、「今天您和小孩一起出門啊，每次看到他都覺得又長大了一點呢！如果有時間的話，要不要順便洗個車呢？」不光只是加油，如果汽車輪胎有點沒氣，他也會搶先一步注意到。

當然，這或許是做生意應該要有的態度，但就算是收費服務，他也不會讓人有拚命在推銷的感覺。這種會讓人覺得「他真是這個行業的專家啊」的人，通常都會「搶

先一步」提案。一般人基本上都只會做被交代的工作，如果別人沒講，就絕對不會主動去做。

說到搶先一步，我還有一個顧客告訴我的故事。這位顧客的雙親，留給他一幢可以看到山與海景的絕美宅邸，他卻想出售房子，因此找了不動產業者商量。這棟房子前面毫無遮蔽，地點相當好，放眼望去盡是一片海景與天空。那家不動產公司負責的男性業務，就建議照下房子的景色，並刊登在網站上。

到了拍攝當天，一看照好的客廳照片裡，竟然還拍到那位業務員的皮包，而沙發上的枕頭也擺放得很雜亂，其他地點也被拍得很粗糙，許多照片看起來都有損原本建築的高級感，讓顧客很困擾。

這種時候，有很多地方可以做到搶先一步。例如，在拍攝時下一點工夫，讓看到網站的顧客，可以憑室內空間的氣氛，接受整個定價。不過最後那位顧客，只好再拜託不動產業者來拍攝。然而，在我聽了他和那位男性業務聯絡時的郵件內容後，實在覺得那位業務員少了搶先一步的預想。

首先，他要求「麻煩您在十一月一日下午四點來」，這時立刻就收到了業務員的答覆。但是顧客突然驚覺「十一月的下午四點多，可能太陽已經要下山了，沒辦法在明亮的狀態下拍到美景」，於是他改成在前一週的星期六下午三點，這時候男性業務回信：「這個時間沒有問題。」他又再度驚覺：「啊，可是週末的天氣預報說下雨的機率高達八〇％，可能沒辦法拍風景照。」他覺得，要是一開始有注意到時間和天氣就好了。

但是這位男性業務據說是某營業處的主管，應該也有不少經驗，我想要是他能預先想到之後的狀況，其實就只要一封郵件就可以決定好最佳的拍攝時間了，不是嗎？據那位顧客說，在和這位男性業務談話時，就感受到他不怎麼有衝勁，完全沒有「您的房子請務必讓我們來經手！」的氣魄。其實只要稍微轉變一下（只要很普通的小貼心就足夠了），這位男性業務必定也能成為讓顧客讚賞的專業房仲。

畢竟他已經是主管，想必不光是業務成績，在培育人才方面都應有相當的實績才對。當我聽了這個故事，雖然有點愛管閒事，但我總覺得他明明可以更上層樓，卻自己放棄了這個機會，實在是相當可惜。

就算他沒興趣發展自己的職涯，覺得維持現狀也無所謂，但他這種消極的態度，卻會給公司裡的其他員工帶來負面影響，我實在很擔心那間營業處的未來。

搶先一步向對方提案的概念，其實跟看懸疑電影或戀愛小說是一樣的感覺。像是

「繼室A子覬覦丈夫的財產，她在杯子裡倒的紅酒說不定加了毒藥！」、「要是在案發現場掉了手帕，說不定會被當成犯人啊！」、「到底要選哪一個男人呢？如果選了A，可能就要跟著轉職到海外去，這樣故事的走向就會出現大轉變啊！」等。

在我們日常生活當中，也很常搶先一步。為了要完成一項工作，其中非常重要的步驟，就是預測未來。在泡杯麵時，我們會以內側的建議水線為基準，如果想要味道濃一點，水就加少一點，想要淡一點，就多加一點。這個時候，我們確實能夠想像下一步會發生的事。

如果可以把這個概念運用在談話上，你就能成為一個專業人士了。只要搶先一步計畫，別人就會認為你很明智，也能得到顧客的信賴，因此獲得更多工作機會，當你有了更多自信後，事情、提案也都會進行得更順利。

請用搶先一步的視野，來思考眼前的狀況吧，如果你的顧客對你說：「今天好冷啊！」你可以回答：「明天氣溫好像會降到零下！」、「下次我們碰面的時候，說不定就能感受到春天的氣息啦！」

你甚至可以說：「天氣預報說，明天氣溫好像會降到零下呢，今天晚上一定要多穿一點喔！您的咳嗽一直沒好，一定要好好保暖喔！」在道別的時候，也可以這麼說：「下次碰面時，天氣一定就轉暖了，今後也請您多多關照！」來劃下句點；相反的，這和只能和對方一起說「真的好冷喔」的人，會有很大的差別。

請試著找出搶先一步的話題，並經常在腦海裡模擬對話。下一次和重要人士交談時，請務必搶先一步吧！

第二章

有些事得刻意問，有些話得刻意不問

1 五分鐘的無用談話，讓人損失三億元

以前，我有一位朋友和我在不同企業上班，但我們的公司位於同一棟大樓。他過去曾幫住在海外的一對夫妻友人，找待在東京時能住的大樓。這對夫妻看上的住家大廈，正好在我們公司附近，因此朋友就幫這對夫妻和不動產公司聯繫。

到了第一間不動產，他問負責的男性業務員，那間房子是否能裝潢整修，但是男性業務態度消極，回答模糊不清：「我認為應該是可以啦……。」接著還說：「但是因為沒有先例，說不定有點困難。」等推測話語，也沒有表現出立刻要幫忙調查的態度，我朋友就試著與其他家房仲聯繫。

第二家房仲的男性業務，知識與資訊量都很豐富，他立刻回答：「除了您詢問的問題之外，我會順便調查一下其他您需要的資訊，明天中午之前再跟您聯絡。」並且真的在約定的時間聯絡。最後這對夫妻就透過第二間不動產公司，購買了將近三億日

圓（按：大約新臺幣八千兩百萬元）的房子。

不動產公司所收的仲介費是依據交易價格而定，以這個例子來說是三%，也就是房仲可以收取九百萬日圓（按：大約新臺幣兩百四十萬元）的費用，相信這筆交易會影響到這名業務的升遷和獎金吧。

除此之外，曾經透過他購買過房子的顧客，很有可能再向他介紹其他顧客，而這個圈子就會像同心圓一樣擴散出去，讓他有更多機會，能夠接觸到同樣會買高額不動產的顧客。

不動產的買賣契約是高昂的商品，同時也關係到社會信用，每一次詢問，都可能會關係到十億（按：大約新臺幣兩億七千萬元）甚至上百億日圓的金額。第一間公司的負責業務，在五分鐘內，就失去了買賣三億日圓的機會。當然，我們不能說第一間公司的男性態度非常失禮，只是他和第二間公司的業務差距太大了。

我們再仔細想一想，實際上第二家房仲的男性業務，也只是做出該有的應對罷了，但在熱忱和行動力上，這兩位業務之間就有明顯的差異。買房子這種大金額的買賣，任誰都會變得比較慎重，幾乎不會有人光憑最初的五分鐘就做出決斷。但在不允許出差錯的心理下所開啟的對話，要讓顧客判斷「想要找這個人幫忙」、「這個人值得信賴」，五分鐘已經足夠了。

我們假設，你現在要挑戰一項新工作、在工作上想要提出好成績，或者想要提升年薪，過著理想中的生活。這個時候，面對每一位顧客，你都要認為「這個人說不定能連結到十億日圓的大生意」，並隨時抱持著緊張感工作。這種緊張感，除了可以引發「或許我可以多為這位顧客做些什麼」的動力之外，也可以刺激你的行動力。

很會算計的人，其實很有能力

或許有人會對此有一種很會算計的負面印象，但我認為，很會算計並不是一件壞事，反而顯示出對方很有能力。很會算計的人，能明確整理出應該要做的事，並且按部就班。如果對方看到你的這種態度，相信對方也會覺得你很善於察言觀色、很有熱忱，想必你也會為此感到開心吧！

如果經常能去算計、俯瞰整體狀況，就能從不同選項當中，尋求解決辦法，也能更迅速獲得雙贏的結果。就算你沒興趣提升年薪，也沒有什麼想挑戰的工作，但如果你擁有想像力與行動力，相信你也能因此得到他人信賴，也會有更多人想跟你接觸，進而擁有更多機緣。

這個世界上充滿了假裝很會傾聽的人，這種人給人的感覺都還不錯，但就只會傾聽，並不會問一些實質上的問題，只會敷衍對話。所以如果你想要實現自己的目標，就必須突破「敷衍對話」的階段。活用你的想像力、學著去算計，並且積極熱情的回應對方，讓對方想要跟你購買商品，最後你就能成為被選擇的人。

在先前那位男性業務的例子當中，我們提到了，他會在對話當中反覆出現「我覺得」等模糊不清的回答。請問你會想要和這種人商量重要大事嗎？我自己是沒有買過三億日圓這麼高額的東西，但就算不是高價商品，平常在付錢的時候，我也會想要向有工作熱忱的人消費。

就算只是買一盒九十八日圓的納豆、一個九十八日圓的優格，看到結帳人員很有幹勁、動作迅速、聲音中氣十足、態度親切、手腳俐落，我也會特地去那個收銀檯排隊。只要隊伍不是很長，相信有不少人也會覺得：「我想要給他結帳！」

人與人相處時，只要經過一定的時間，就能了解對方的實力與積極度。然而，任誰都不想要花上漫長的時間、偌大的勞力，只為了激發對方的優點吧。就像前面那個不動產公司的例子一樣，對初次見面的人，如果你抱持著很隨意的心態想「反正對方也不會這麼快下決定」，那就等於是你放走了機會。

「我覺得」、「那恐怕有點困難」，基本上都不會帶來好結果。你可以改成這樣說：「我現在馬上為您調查一下，下午五點前會跟您聯繫，希望能符合您的需求，不過萬一有困難的話，我會尋找別的解決方案。」別人就會認為你很值得信賴，而你也該對自己做的事設定一個期限，做好時間管理。對於做不到的事，你也沒有必要讓對方懷抱希望，或者付出超出必要的心力。

「請務必跟我購買！」這種積極與對方交涉的熱情，和厚臉皮不一樣，所以「說不定對方會覺得我很厚臉皮」、「我想要讓對方覺得我很從容，所以想要裝得酷一點」、「太過積極感覺有點不得體」這種想法都是多餘的。在工作上，就是應該要讓對方看到你有想要賣的決心。

若能自信說出：「請交給我吧！」你就可以超越現在的自己，成為被選擇的人。

2 用嘴角和小道具，拉近彼此距離

曾經有讀者這麼問我：「要怎麼和初次見面的顧客對話呢？」、「如果碰到想要深交的人，要如何找機會、找話題呢？」

畢竟是初次見面，在不認識對方的狀況下，有時會因為不想讓對方覺得沒禮貌，有時是因為自己不想要丟臉，我們幾乎都會過於慎重的去找話題、找機會。但在開始交談前，我建議你不妨用笑臉，並準備一些小道具，簡單的創造交流的契機。

首先，輕輕的閉上嘴巴，將嘴角提高五公釐至兩公分，營造出他人能夠輕鬆向你說話的氣氛。這不僅會成為打招呼，或開始一段對話的契機，也是最快讓對方覺得「這個人感覺不錯」的方法。

一個人若是完全不在乎自己的第一印象，用一種傲慢的態度想：「只要講過話，對方就會知道我的優點了。」除非對方個性寬容、心胸寬大，不然機會是不會主動降臨的；相反的，如果能營造出容易親近的印象，對方就有可能向你點頭、打招呼。

如果和對方對上眼，就微微一笑吧，就算對方可能會無視你，你也不用太在意。只要你抬頭挺胸，表現出有自信的樣子，對方回應你的機率自然也會提升。以此為契機，你可以加一句：「早安！」、「辛苦了！」簡單打個招呼，而這些招呼，就是開啟對話的入場券了！想要更快獲得入場券的人，從今天開始，請一定要試試提起你的嘴角！

接著就是小道具。這邊不分男女，我都希望你們能隨身攜帶以下東西：

1. OK繃（在錢包或者是卡夾裡面放上一至兩個）。
2. 袖珍包面紙。
3. 小包裝的糖果或巧克力。

在結婚典禮或同學會等派對上，女性要是穿了平常沒穿慣的高跟鞋，腳後跟就會破皮、起水泡，或是吃東西時不小心把袖口、領口給弄髒。這時，你就可以看準時機，拿出OK繃或是袖珍包面紙交給對方，如此就能開啟一段對話。

我也建議平常在皮包裡放幾個小包裝的糖果或巧克力。碰到脾氣比較不好的前輩，在工作結束時，你就可以拿出來問他：「要不要吃個甜的？」如果他說：「謝謝！」並欣然收下的話，就可以創造一段輕鬆的時光了。

假設你帶的是古早味的糖果，說不定彼此還能說著：「好懷念的滋味！」女性若帶著名為「男梅」的梅子糖、男性則帶著添加膠原蛋白的糖果，對方說不定還會佩服你真有美容意識，或是彼此相視而笑呢。除此之外，如果你帶著筆記本、便利貼、膠帶或者是色鉛筆這類文具，遇到了有需要的人，你就可以說：「不介意的話，可以用我的。」來打開話匣子。

對了，就算是冬天，在包包裡放入扇子，有時候也能派上用場。比方說遇到怕遲到而急忙趕到的同事，或是在談生意時，顧客因為室內的暖氣而熱得受不了，你就可以拿出扇子，相信對方一定會很開心。

另外，拋棄式眼鏡布在擦拭眼鏡或手機螢幕時也很方便。這些都是可以隨口向對方說：「不介意的話請使用。」的推薦小物。隨著你的小貼心，對方向你道謝的場合就會增加，在良好的氣氛中，也就能順利展開對話。

不閒聊，依據情境來搭話

如果當下你都沒有前面介紹的那些小道具，也不需要驚慌。看到身邊的人因為末班電車而焦急、在找附近的餐廳、有人正感到困惑或不安等狀況時，你可以率先拿出手機來查詢。

假設你下課準備回家時，天空下起了雨。你發現有人跟你一樣沒帶傘、不安的看著天空，你可以面帶微笑的說：「哇、開始下雨了！」也可以討論接下來要怎麼辦，藉此來展開話題。

在讀書會、演講的中場休息時間，在洗手間遇到了想交談的對象，你也可以開朗的說一聲：「辛苦啦！」相信對方也會回你：「辛苦了！」接著你可以提一些跟這個讀書會，或跟演講相關的正面發言：「整個會場很熱鬧，甚至有點熱，對吧？」、「一整個上午好像一下子就過去了呢！」就能給對方一種很容易親近的印象。

在和初次見面的人說話時，最好說一些對方比較容易做出反應（回答）的話。要是你用力過猛，情緒太高漲的話，有時反而會嚇到對方，用像和朋友交談一樣的放鬆語氣即可。雖然說和朋友一樣，但禮節還是要注意。

今後當你困擾於如何展開對話時，你不必說一些連自己都沒什麼興趣的天氣或景氣的話題，倒不如針對當時的狀況，或當下發生的事情，看準時機開口，對雙方來說都比較自然。

我曾經在公園看見一個小女生跌倒了在哭泣。這時就看見另一位媽媽，迅速向前，對那個小女生的媽媽說：「我這邊有消毒紗布跟ＯＫ繃，不介意的話請拿去吧！我家小孩也常常跌倒，所以我隨時都在身上備著！」

見到攜帶用、未開封的消毒紗布和ＯＫ繃，那位媽媽就開心的道謝：「真是謝謝！」當時她臉上的表情，實在是太令我印象深刻了。之後聽說這兩位初次見面的媽媽，聊著照顧小孩的話題也聊得非常開心。

像這樣在皮包裡放上一些小東西，就能簡單的幫助別人，也能創造出對話的契機。不管怎麼說，都還是要靠心，去注意到他人的需求，所以你只要打開「有什麼自己能幫得上忙的事嗎」的天線，在必要的時候，身體就能迅速反應。

遇到想要和他說話的人、想要跟他感情更進一步的人，你並不需要說一些「今天好冷喔」、「真想睡」、「唉，我好累喔」這種抱怨，或者是閒聊一些不痛不癢的話題。比起閒聊，我們更應該要養成看到對方需求的習慣。

例如，對方身上穿的西裝扣子是不是快要掉了、皮鞋的鞋帶有沒有鬆開、那陣強風吹過來的葉子是否卡在對方頭髮上了、他頭上戴的帽子真好看、手錶實在很好看等，連帶的也仔細觀察他外觀。當然這個時候，為了不讓對方覺得自己像個機場X光機一樣，一直在檢視對方，我建議你用比較廣闊的視野去掃視周圍。

話題不只能在自己身上找到，也能在對方身上找到。請做出溫和的表情，並把三種能在突發狀況裡派上用場的小道具，放進你的皮包裡出門吧。

請一邊想著「自己是不是能幫得上忙」，一邊揚起嘴角，我對於你今後會有什麼樣的邂逅，真是充滿了期待！

3 有些事，不能問，有些事，得主動問

觀看這幾年，日本國內不斷出現地震、水災、火山爆發等天災。每當遇到重大天災時，我都會主動詢問對方：「您的家人或朋友是否安好？」因為說不定有人正因此而痛苦悲傷。

要是對方告訴你：「其實我的親戚中有人目前正在避難所生活。」你應該會說：「原來是這樣啊，實在是辛苦了。不知道他身體狀況如何？現在有比較安頓下來了嗎？」當然，其中或許也會有人完全不想提及此事，尤其和生死離別有關的話題，就更是如此。

每個人都有不想別人觸碰的話題，你也沒必要刻意追問。但是，遇到職場上對我很重要的人，或是私底下想要增進感情的人，我都會再跨出一步，問得更深入一點。

要是不了解對方的真實狀況，還用一種很輕率的語氣說：「真的很恐怖耶！」、

「我又沒碰到，我怎麼會知道……。」假設當下有受災戶在場，他們心裡會有多麼的難受。

當然，我們無從得知，也沒辦法百分之百掌握，到底哪些話題可能會讓對方不舒服。但是如果你能更深入一步去和對方交談的話，可能就會知道哪些問題可以問、哪些問題不能問。

事實上，我也有不想要別人觸碰的話題。

幾年前，我的母親因病過世了。得知她來日無多之後的兩個月，到她過世後的半年間，我無論做什麼事情，只要一想到母親，眼淚就會自動掉下來。當時為了不在人前掉眼淚，簡直是用盡了我畢生的忍耐力。

在我母親住院的期間，有個顧客數度打電話找我，但我當時不太能接電話。好不容易騰出時間接電話時，便告知對方：「真是抱歉，我母親因為病危，沒有辦法立刻接電話……。」沒想到對方竟然無視我的話，用一如既往的口吻說著：「關於〇〇那件事……。」當時我覺得他並沒有認真看待我母親的事，因此內心大受打擊（當然我相信他絕對沒有惡意）。

我現在已經離開當時的公司，也不清楚對方目前在哪裡，因此才能把這件事情說出來。但有時回想起來，還是會覺得，當時他如果能對我多說一句貼心的話，那該有多好（或許這也不過是我自私的想法）。

那段時間由於母親的狀況，我的情緒很不穩定。當時有人曾對我這麼說：「妳媽媽還很年輕啊，真的是非常遺憾。我常聽妳說妳媽媽很疼孫子不是嗎？發生這種事實在讓人難以相信。」伴隨著令人懷念的回憶，他也對我說出了溫暖的話語，實在讓我非常感謝。

或許你不用想「絕對不能碰觸到那個話題！」、「要是他主動提起，我也不知道要說什麼。」這時只要說一句：「聽到您發生這樣的事，我真的覺得很遺憾。」光是這樣，對於即將失去或已經失去親友的人來說，多少都會感到溫暖。相反的，如果你無視對方的狀況，什麼都不說，或是很唐突的轉移話題，可能會讓你和對方產生很大的芥蒂。

此外，當人才剛過世沒多久時，也請不要說一些：「一切都安頓好了嗎？」、「這也是命啊。」、「壽終正寢。」畢竟當初我聽到這些話時，實在覺得很失禮。

事實上，自從醫師告知我母親來日不多時，我完全沒有把這件事告訴顧客或同事。除了想要避免周圍對我有不必要的顧慮之外，我本身也不想提及這件事。和我同世代的人，總有一天都會面臨父母過世，為了避免有人像我一樣，被他人無心的言語傷害，我希望當你遇到這種狀況時，能夠多說一句溫暖人心的話語。

回想起來，在我母親過世之前，我自己就算收到朋友寄來的訃聞，有時候也沒有特別跟對方聯繫，這也讓我重新反省了一番。我想成為不管是用電子郵件、或者是見面後，都能說出一句話來安慰對方的人。

如果你有一個真正想和他建立信賴關係的人，遇到越是難以啟齒的事，你就越不開口的話，那麼雙方的關係是不會有所進展的。請放心，我不是要你追根究柢、不知輕重的問個不停，但如果你擔心對方的老家是不是遇到地震、洪水或者土石流等天災，我還是建議你能開口詢問一下。

或許有人會認為，什麼都不要問，才是一種貼心的表現。但這麼做，有時候別人反而會覺得你很冷漠。

什麼都不問，並不貼心

過去我在工作上，認識了一位膝蓋要戴輔助器的女性。

我開口問她：「內田小姐，看妳膝蓋上戴著輔助器，妳還好嗎？」她便笑著告訴我：「沒什麼大事啦，只是腳越走越痛，所以我就去整骨院給醫師看了。吉原小姐真謝謝妳問我啊！其他的人大概是顧慮到我的感受，都沒人敢來問我，害我都沒機會說『好痛！』妳給了我這個機會，我其實很開心呢！」

像這種太為對方著想而保持沉默的狀況，真的很像昭和時代的俠盜電影呢。就像一個從外地來的新面孔的男性（想像一下是由高倉健飾演的角色），進到當地一家居酒屋默默的喝著酒。旁邊一位喝醉酒、開始多管閒事的男性向他攀談了起來。這時店老闆會大斥一聲：「閉上嘴喝你的酒！」

在現實生活中，我們實在沒有必要對別人的過去追根究柢，居酒屋裡的這一幕，也是這個道理。但如果你和對方有工作或生意上的往來，那麼你對他膝蓋上的護具、眼下突然出現的瘀青都不聞不問，只是很客套的說：「感謝您今天抽空過來！今天天氣真好啊，讓我們立刻進入正題……。」這樣做真的是在為對方著想嗎？要是你想著：「現在沒時間，等會議結束後再問。」那另當別論，如果不是，我只會認為你是一個沒神經、冷漠，對對方毫不關心的人。

當你跨出一步追問：「您臉上的瘀青還好嗎？發生了什麼事？」或許對方會輕鬆

的告訴你：「沒有啦，我最近在學武術，昨天上課的時候，運氣不好，對手的手肘打中了我眼睛下面……。」若你不知道他在學武術，說不定就可以運用武術這個關鍵字，為你和對方今後的交談增添一些色彩。

此外，臉上的瘀青，會給人一種和暴力、案件有關的負面聯想。正因如此，你就要從本人口中探知真相，了解他是否是一個今後也能繼續合作往來的工作對象。這種識人能力，在工作上非常必要，也是經營管理上必備的技能之一。

你不需要像在做身家調查一樣，但你可以積極的問一些「您雙親身體還健朗嗎」和家庭有關的問題，如此一來，對方也會知道你是在關心他。

請撇除「不問才是為對方著想」這種先入為主的成見，主動向前跨出一步、問更深入的問題吧。對方如果告訴你：「請不要再問了。」那你就誠懇的道歉，並且在筆記本上記下「這個人比較不喜歡被問深入的問題」即可。

說到這裡，有時候一知道對方或他的家人生病了，有的人就很喜歡說一些：「希望他早日康復！」、「一定會好的！」、「不要擔心，一定沒問題的！」

我能明白這是想要鼓勵對方，但是當中可能有些人是患了難以痊癒的病，在你不清楚詳細病情的時候，就輕易的說：「一定會好的！」、「沒問題的！」或許有點不負責任。

這種時候，與其把焦點放在病會不會好，還不如說一些「目前的治療方式，你的身體似乎能接受，希望你能逐漸好轉！」、「能遇到好醫師真是太好了！」、「聽說他最近終於能進食了，真令人開心！」、「希望他有比較習慣住院生活了。」等話題，稍微詢問一下治療法、主治醫師、進食狀況、住院生活等細節，再進一步關心。

遇到了重要的人，希望你們也能更進一步、問一些深入的問題。

4 別用「喜歡」或「討厭」評價他人

我經常會在社群媒體上（部落格、Instagram、臉書、推特等），看到有人上傳一些「我最喜歡〇〇（職場或合作廠商、友人團體中的某個人）了！」的貼文。

當然，要喜歡誰是個人的自由。但請換個角度想，其他朋友、同事、合作廠商、顧客看到了這則貼文，會有什麼感覺？相信有些人會覺得：「這是他家的事。」但說不定也會有人覺得：「說這種話真失禮！」

其實並沒有明確的法律或規定，我們該如何在社群媒體上發言，但是如果完全不考慮其他人看到了，會有什麼樣的反應就貼文，就會因為對周遭的人思慮不周，而給人一種很容易感情爆衝的幼稚形象。

此外，用「喜歡」、「討厭」去評價他人，也是一種自以為是。當然這是一種個性，也是一種向他人表達好意的方式，或許也有人認為這是一種魅力。但是常把喜歡掛在嘴上，除了單方面向周遭宣示，「我喜歡的就是這種人」之外，同時也是在表示，「除此之外的人都被我分類在普通（我不喜歡）的那一類」。這種人也會給人一種情緒經常大起大落、精神不是很穩定的感覺。也就是說，這種表達方式，在現在這種資訊爆炸的時代裡，都是百害而無一利。

與其用喜歡來評價他人，還不如用這樣表達：「他在工作上總是能拿出成果，是我很尊敬的前輩。」、「他那像太陽一樣的燦爛笑容，總是讓我覺得很開心。」、「她是很成熟穩重的女性，讓我想要向她學習。」、「他總是能給我帶來刺激！」、「他渾身散發著內在的魅力！」、「他藝術品味出眾。」、「這個人總是為人著想，非常貼心。」等，具體說出為什麼喜歡，這樣才能讓人覺得你識人眼界很開闊。

說到這裡，我的工作——形象顧問，其中一項就是針對顧客在社群媒體上的貼文給予建議。

當企業或組織代表，在臉書或部落格上發言的時候，從選擇主題、文章架構、內容、刊登圖片的種類或構圖等，我都會給予建議。其中的目的，就是要仔細查看，顧客是否能正面積極的傳達其理想的企業形象與個性。

目前在工作上會使用社群媒體的人（就算是私人帳號，如果工作上有往來的人能看到，那也一樣），會傳達出自己的個性，也能把社群媒體當成一個工具，活用在招攬顧客、提升信用上。因此我在日常生活中，除了顧客以外，也會查看各種人的臉書或部落格，並從中蒐集各種資訊。有了這樣的經驗，我對於許多人用喜歡來介紹第三者的方式，有了新的發現。

前一陣子，一位被稱為「製作高銷售量電商網站的商業顧問」的女性自由工作者，上傳了一篇貼文「這是我最喜歡的公司經營者：真弓小姐！」來介紹另一位女性經營者。此外，我也見過另一位女性經營者，在社群網頁上上傳「這是我最喜歡的祕書由佳小姐！」的貼文，來介紹特定人物。

我前面說過了，使用這種表現方式要特別注意。除了那位公司經營者以外，必定還有很多合作的公司經營者；除了那位祕書之外，一定還有很多人在公司裡幫助你，我內心只能希望其他人不會看到這些貼文啊。說得更精準一點，如果你下次在社群媒體上，寫了關於其他人的貼文，卻沒有寫喜歡的話，那他們就會覺得，你把他們歸類在「不喜歡的人」了。

你要隨時都能聯想到或許自己在不經意間，傷害到他人，或讓他人感到不滿，這樣你就會懂得避免用不必要的表現方式。一旦你曾經用了「喜歡」，那麼你對以後遇到的人，也不得不繼續用喜歡去形容。這麼一來，你的語言就會失去重量，旁人說不定也會覺得你是個「只跟喜歡的人往來的人」了。

請設想一下，如果日本的總理大臣說出：「我很喜歡現在的外務大臣！」你會有什麼感覺？或是你現在的公司老闆，對公司的人傳了：「我真的很喜歡現在人事部的澤田！」你又會有什麼感想？

被這麼說的人想必會很開心，但我想不少人也會因此成為周遭嫉妒的對象而困擾吧？所以我們對喜歡這一詞，唯有真正必要說出來的時候，再直接告訴對方。畢竟，在工作場合裡，你不能只透過表現喜歡、討厭，來選擇要不要跟對方繼續往來。

雖然明確說出自己的感覺是好事，但你沒必要在眾目睽睽下，做出這種表述。我建議的表達方式是：「渡邊先生，您的嗓音很沉穩，讓人聽了很安心。」、「這是我尊敬的年輕創業家。」、「我從沒看過這麼有行動力的人，而且品味也相當好。」、「雖然很嚴格，但是非常會為人著想。」、「答應的事絕對會做到，是值得信賴的人！」、「應對能力相當高，是我很敬佩的前輩！」等，請試著用喜歡以外的形容詞去表現吧。

請試著把對方的魅力集中在一點上，這樣稱讚對方：「你剛才那番犀利的評語真是太棒了！」、「我很喜歡你嶄新的點子。」、「我很欣賞你豪爽的反應！」、「你真的很會做色彩搭配呢！」、「我喜歡你帶點古典味的髮型。」、「田中先生看足球比賽時熱心的加油讓我也好熱血！」

如果你能夠用有個人風格的方式，說出對方的魅力，那麼你所說的話就更能夠讓對方開心，也會讓對方想親近你。

5 稱讚對方的特質，而非他身上的「物品」

請想像一個商務人士坐頭等艙前往紐約的光景。你能想像這位商務人士從事的是什麼行業，平常又過著什麼樣的生活嗎？

大多數的人一聽到頭等艙，就會覺得坐在裡面的是大企業的老闆、常務理事、名人、有錢人、成功人士。

舉例來說，在黃金週（按：指在四月底至五月初的假期）搭乘日本航空公司的頭等艙來回東京與紐約的話，一般價格大約落在兩百萬日圓（按：大約新臺幣五十四萬元）左右。根據航空公司、出發時間、機票種類的不同，價格還有可能更貴，但無論如何，那價格都足以買兩輛全新的日本製輕型車，甚至還能找零。

儘管頭等艙票價如此高昂，但全部的乘客難道都符合大眾所認知的那個印象嗎？其中說不定有人是中了大獎；或者有人是因為預約時出了差錯，因此從經濟艙升級為頭等艙；也可能有人是平常很努力節約存錢，才能坐頭等艙；也有的人是利用出差時所累積下來的里程數，換來一張單程的頭等艙機票。

相反的，坐在經濟艙的人，說不定也有人平常都是坐商務艙或頭等艙，他只是因為急著要出國出差，買不到頭等艙或商務艙，才買經濟艙。除此之外，也有些商務人士，他們在和孩子一起出國旅行的時候，會選擇坐經濟艙，讓孩子能夠社會學習，但平常工作出差時，仍然坐商務艙或頭等艙。

很多人在交談的時候，容易憑著對方的外表、頭銜等資訊去判斷對方。甚至有的人會因為對方的職業、頭銜去想像對方的生活，進而嫉妒、諂媚或者敵視。這對自己來說，不僅是沒有必要的壓力，對對方來說也是很困擾的行為。因此不要光憑一些資訊，就判斷這個人很有錢、這個人很特別，這樣會讓人覺得你看人的眼光短淺、說話輕浮，也無法獲得對方的信任。

這世上的確有人既有錢，頭腦又好。如果你要在心裡想像這種人到底是什麼樣子，那也是個人的自由。然而當你在工作夥伴、朋友等需要認真往來的人面前，就一定要避免只靠單一訊息，就輕率咬定對方是什麼人。聽到別人靠外表評斷人的時候，大部分的人雖然臉上會掛著微笑，但心裡其實很厭煩。

有人乍看之下非常開朗健康、渾身充滿自信，但其實身懷大病呢？又或者有人外表光鮮亮麗、行為舉止都非常從容穩重，但其實因為愛賭博而到處借錢，帶給周圍的人許多困擾。

我們平時就應該減少或避免用表面資訊（職業、頭銜、開的車子、身上穿戴的名牌）去判斷對方，甚至做出無意義的發言。我經常覺得，我們應該試著更深入去了解對方深層的魅力，並把對方的優點化為語言才對。「你的說明簡而易懂，真的讓我獲益匪淺！」、「您很會安排計畫呢，步驟都規畫得很好。」、「你的問題都很精準，真讓人羨慕！」、「你的姿勢和動作都很俐落，真是太帥氣了！」等。

如果你就是想要表達東西非常棒的話，可以這樣說：「平常很酷的渡邊先生，您跟保時捷實在是太搭了！」請不要光稱讚物品，而是要把人當作主體來表現，能做到這點的話就太棒了！

6 嫉妒心是讓人進步的動力

曾經有位女性顧客來向我諮詢：「我在和同年齡層（三十多歲）的同事說話時，總是會很有壓力。」我向她詢問了一些細節後發現，她平時受到顧客很高的評價，卻也因此遭到某位女性同事的嫉妒。

這位女性顧客平時態度友善，個性謙和，說話方式自然不造作，也能為對方著想（或許這才是她被嫉妒的原因）。她想知道，究竟要怎麼做，才能和那位女性同事好好溝通。畢竟一星期有五天會見到面，要跟一個擺明了對自己有敵意的人相處，相信對誰來說都是一件有壓力的苦差事吧。

當對方和自己的年齡、處境都很相近，職涯或家族結構也有共同點，表示對方和自己在社會上的立足點很相似，要是對方獲得比自己更理想的社會地位時，就越容易嫉妒。人多多少少都會嫉妒他人，這很自然。在腦科學的領域裡，也證明了人腦會做出「他人的不幸甜如蜜」（看到他人不幸，就會竊喜）的反應。

其實我自己在 Instagram 上看到有不認識的人，在結婚紀念日時收到老公送的超大花束，滿臉笑容的照片時，也會想：「真好啊，好羨慕！」並想在下面連續輸入愛心的表情圖示，而不只是按讚而已。包含這些微小的嫉妒在內，我們平常就會嫉妒別人，或是被別人嫉妒，這些嫉妒心經常存於我們身邊。

這種嫉妒心會向自己提出「是在羨慕什麼？」、「自己要過怎樣的生活？」、「別人是別人，我是我，不是嗎？」等疑問，換句話說，嫉妒能讓我們發掘自己實質上需要什麼，我們應該接受這種心理才對。

嫉妒心能讓我們活得更幸福，所以當我們嫉妒一個人，甚至要心情愉快的認為「謝謝你給了我這個機會」、「你給了我一個行動的契機」才對。假如你有機會和一個你嫉妒的人談話，我建議你應該要有禮貌，且積極的問你平常很想要問他的話。

我自己就有一個這樣的故事。事情發生在二〇一六年，當時我剛創立了自己的品牌大約三個月左右。

當時，我非常在意一個業績不斷上漲的同行企業，在意得不得了。正巧那時我的公司受邀去參加在東京國際展示場舉辦的展覽會，共有三十多個國家、七百多家的化妝保養品品牌參加。一般人無法參加這場展覽會，只有企業的採購能進場，主要目的是商業交涉，是日本最大的化妝保養品展覽會。

我們攤位隔壁的T公司，在前一次的展覽會上，光前三天業績就達到四千萬日圓（按：大約新臺幣一千萬元），成績非常亮眼。

展覽會的第一天早上，我就去向T公司打招呼，上到社長下到每位員工，每個人都滿臉笑容的對我說：「彼此彼此，請多指教，我們一起加油！」之後，我除了稱讚他們三天內能達到四千萬日圓的業績、所有員工的接客態度都很好之外，我還問了社長一些問題。

社長和他擔任董事的太太，也毫不保留的回答了我這個業界新手的問題。對我來說，他們除了告訴我一些有用且寶貴的資訊之外，也給了我心靈上的刺激與動力，我除了感謝之外還是感謝。

社長夫妻不僅友善，還非常詳細的告訴我，在展覽會上設攤要如何降低成本，哪些展場布置的業者價格合理、值得信賴，以及業務上要注意什麼地方等。我們與其嫉妒能不停拿出亮眼成績的人，不如抱持敬意去接近，反而能有更多發現和學習。

當然，有時就算你抱持敬意去和對方接觸，對方可能也不太理你。這種時候，你只能告訴自己：「那就算了！」畢竟那是對方辛苦付出心力，才累積起來的東西，但是如果裝做一副不在意，刻意壓抑自己想要詢問的心情，和對方聊一些有的沒的，那就真的是在浪費時間了。

請試著向對方表達：「貴公司的〇〇（品牌或產品的名稱）得到了三十多歲女性廣大的支持，我竟然能遇到社長，真想要跟別人炫耀啊！」、「企業第一代就能在全國展開五十間實體店鋪，實在太厲害了！要是沒有超群的品味與執行力，還真是做不到呢！」、「貴公司香皂的香味真是經典！我前前後後已經使用五年了，而且還會買來送朋友喔！」

如果對方感受不到你稱讚裡帶著敬意，那就沒意義了，所以在選擇詞彙上要多用點心，並調整說話口氣（沉穩的節奏、不要過高的情緒、最好是開朗的語氣）。無論是誰，遇到對方對自己這麼有興趣，並且在稱讚時表達了敬意，那麼他多少一定會對你抱持好感。

當他對你抱持好感之後，就是你向他提出問題的絕佳時機。但這裡也需要特別小心，不要單方面一直講自己的事情，你需要事先想好對方值得尊敬的點。

一發現「這個人好厲害！」、「我想要變得跟他一樣！」的話，就要趕快行動。

如果我們能將心裡的嫉妒或羨慕轉化到對話中，或許就能帶給你寶貴的資訊，或者刺激你採取行動。

7 問別人「那樣吃得飽嗎？」算失禮嗎？

有的時候，我們不小心就會說出一些，讓對方認為很失禮且沒有同理心的話。例如有人因為興趣或是想節省一點，因此帶了手作便當，卻有人看了一眼便當菜色後說：「這樣吃得飽嗎？」如果是你，你會有什麼感想？

這句話在某些人耳裡聽起來，似乎能解釋成便當很簡陋，覺得自己被嘲笑了。但也可以解釋成說話的人食慾很大，所以他用一種羨慕的語氣說：「你怎麼吃這麼一點就夠了？對我來說完全不夠耶，真羨慕你胃這麼小！」就算是同一句話，也會因為不同解釋，給人不同印象。

我們經常會說「將心比心」。但我在擔任形象顧問，給顧客一些建議時，總是會不斷強調：「比起考慮對方的心情，不如先了解自己在這個社會上、在對方眼中是什麼樣子。」

例如，跟正在吃便當的人比起來，你的身形明顯比較苗條。這時候，如果你說：「那樣吃得飽嗎？」有的人就會覺得你的意思是：「你明明比我胖，只吃這個量夠嗎？」如果你的經濟能力，明顯比對方稍微好一些，那麼聽在對方耳裡，或許會覺得你是用一種瞧不起他的態度說：「這個便當怎麼看起來那麼寒酸，真可憐。」儘管內容相同，但是當旁邊還有別人也會聽到這席對話時，你就必須小心，不要讓對方覺得被羞辱或者感到不開心。雖然有的人完全不在意，但我建議你還是要看重這件事。

最重要的是要先去了解對方和自己，因為說話者的個性、時間點、狀況、當時對方的心理狀態，都會大大影響到一句話給人的印象，如果你在說話前沒有深思熟慮，很有可能會為自己帶來損害。

請想一想，有人只因為已婚的身分，就被他人認定是獲得了全世界最大的幸福。但事實上，結了婚的人不一定都很幸福，有的人每天晚上都受到丈夫的言語暴力；有的人因為婆媳問題，而受到很大的精神壓迫；更有的人因為另一半外遇、負債、生了重病來日不多，卻只能把這些辛酸和不幸往肚裡吞。

光憑有男女朋友、在工作上很活躍、有小孩、在大企業裡工作這些背景，就認為對方很幸福、生活優渥那也就算了。如果你因此而厭惡對方，覺得「為什麼那種傢伙也可以」，那麼你就是缺乏自我內在的想像力。唯有平常就去想像對方是什麼樣的人、去思考自己在別人眼裡是什麼樣子，才能避免說出傷人的話，以及說出一些膚淺的言論。

以我來說，因為我是「形象顧問」，我就想，可能有人會想像我是「會從上到下確認別人的服裝儀容」、「可能會很在意對方的說話方式」、「對細節很講究」、「對禮節很嚴格」等。再加上我有「公司負責人」的頭銜，或許會讓人想到「對人、對工作都很嚴格」、「會很高壓、很恐怖」、「不知道該跟她說什麼話」等。

無論是什麼樣的想像，其實都跟我本人不符合。但是如果你能夠對自己的形象有所認識的話，那麼在和他人接觸時，你就能夠知道，自己需要注意哪些地方或言行舉止。當你了解之後再去行動，就能夠避免讓對方緊張和反感。

在想對方到底在想什麼之前，請先照照鏡子，問問自己：「我在別人眼裡是什麼樣的人？」

順帶一提，我除了顧客之外，對其他人並不會一一確認服裝儀容或說話方式，也不會給任何建議。有時候確實會有朋友來徵求我的建議，但是我並不會用很嚴厲的說話方式表達。

雖然我有公司負責人的頭銜，但因為我們公司的規模很小，我既沒有祕書，也沒有僱用祕書的餘裕，現實中的我每天都拚命在工作。

我的臉部輪廓比較深，看起來很強悍，我平常也會特別注意這一點，在交談時，提醒自己嘴角要上揚，盡量不要讓對方緊張，除此之外，我也會特別注意，不要製造出會讓對方覺得緊張，而說不出話來的場面。

為了表達要傳達的事，希望你能夠客觀分析，自己在別人眼中是什麼樣子，並配合對方，在表達方式上多下一點功夫，這也可說是一種基本禮儀。

8 「你的工作很賺錢吧！」這句話不能直問

相信各位應該不否認，工作上想要提案、私底下想要和某人的關係更進一步時，如果你能先了解對方，在交談時就能更順利。但是我們心裡常常會出現這種想法：「不應該厚臉皮的問東問西。」

例如，有位業務員和一位對重新裝潢有興趣的顧客交談。但這位業務不僅不去了解顧客的家族成員、想要重新裝潢的理由、喜歡的室內風格、預算，只是單方面拚命推銷商品，這樣對雙方來說，都只是在浪費時間而已。

不藉由談話來了解對方，擅自認為：「他全身上下都是名牌，看起來就是個有錢人，想必預算也很高吧。」結果對方說不定很想要壓低預算。反過來說，也有可能一個打扮樸素、乍看之下完全跟流行、名牌沒關係的人，一問之下，才發現他是個大資產家，興趣是蒐集現代藝術，因此對裝潢非常講究，只要讓他滿意，花多少錢他都願意也說不定。

只憑外表判斷，覺得直接開口問對方的理想裝潢、預算或喜好這些問題很失禮，因此迴避了重要的問題，這樣到了最後，反而必須大幅修正原本的提案，實在是大費周章。

在工作上應該要問的問題，大抵都跟隱私有關。問這些私人問題，其實是想要多了解對方，所以不算失禮，不如坦蕩蕩、有禮貌的詢問。在工作時，如果你不問那些重要的問題，反而會被視為缺乏決斷力、沒有自信、對對方沒有興趣、準備不足、經驗不夠等。

我認為應該要避免一些先入為主的認知、對對方過度顧慮，而不敢主動提問的狀況。我在擔任形象顧問和顧客溝通時，一開始就會先了解對方的現況、目標年收、理想的社會地位，並且把這些資訊放在腦子裡，再給予建議。若能經常思考對方的需求，再給予建議，你就不會說出「一般來說」這種對方並不想要聽的話。

我建議能在事前說一句：「為了符合您的現狀、做出最好的提案，我想要在開始前先問您三個重要的問題，不知是否可行？」並以端正的姿勢、直視對方的眼睛、維持有禮且謙遜的態度提問。

如果你確信你要問的問題，會關係到對方的利益，那請你挺起胸膛、不要猶豫，就算是有關個人隱私的問題，也不妨提出來問問看。這時，萬一對方跟你說：「你突然這樣問我，真的很沒禮貌！」那麼我想可能有以下的三大原因：

1. 問題的內容本身不恰當。
2. 你沒辦法讓對方了解問題的意義和重要性。
3. 你提問的方式很沒禮貌。

切記，在你要問個人隱私時，一定要保持服裝儀容整潔，並用有禮貌且親切的說話方式。請不要忘了，你必須讓對方覺得值得將個人隱私、個人資訊告訴你。

你可能不曾有過這種經驗，但請試著想像一下，有個人嘴裡一邊嚼著口香糖，一邊問你：「你家裡有幾個人啊？」或是手撐在桌上，一邊看著手機一邊問：「你家在哪裡？」任誰都會覺得這樣的態度很輕浮且失禮吧。

我就曾經遇到，在我還沒對對方解除警戒心時，對方就問我：「吉原小姐，形象顧問很賺嗎？」我會看當時彼此的立場來回答，但即使我說：「沒有啦，不成氣候。」或「我每天都很拚命，要學習的地方還很多！」當下的感受確實都不怎麼好。根據對方詢問的方式和態度，會讓人有完全不同的感受。

懷著謙遜有禮的態度，對方才願意說

我以前也遇過一個人，他在問問題前這麼跟我說：「我每天都會看您的社群網頁呢！看到您帶小孩這麼輕鬆愉快，想必您是位很會利用時間的人吧……。」他這一席話，就讓我的心情輕飄飄的。或許是因為我很單純吧，一聽到這些話就很開心，也覺得很感謝，因此心情大好，就和對方聊了很多。

儘管這麼說，但我絕對不是特別招架不住奉承的那種人。我幾乎是個超實際的人，因此對方的奉承，根據不同狀況，我有時候也會覺得「這個人表裡不一」，而冷靜的和對方保持距離。

在前面的狀況裡，對方為了想要問我問題，在事前做功課，獲得了我的相關資訊，對於如此認真率直的人向我提問，我自然會想要回答他。

若你省略了那些事前功課，直接就問：「你的工作很賺錢吧？」這種行為簡直不值得我們討論。如果有人用這種態度問你問題，你也可以稍微強硬一點，讓他知道你對他的信賴，還沒有高到值得回答他的問題。

另外，當詢問對方年齡時，卻不知道要做出什麼反應而陷入沉默，或只說得出「喔」，那就是你準備不足。除此之外，已婚、單身、是否有小孩等，都算是敏感話題。

比起直接問：「您單身嗎？」建議你可以這麼問：「因為這點很重要，所以想要先請教您，請問您目前和家人住在一起嗎？」這樣給對方的印象也比較柔和。當你問：「平常都很忙碌嗎？」或許對方就會回答：「這星期因為我先生出差，所以我每天都很悠閒的享受外食呢！」、「平常的話，滿有時間的，但因為現在婆婆住院，我每天都要去照顧她，就比較忙一點。」等。因此就算你不直接問對方的家庭成員，有時候對方還是會詳細告訴你。

若是你碰到有人回答：「還好啊」、「普通啦」等，那可能是對方對你的問題感到不太舒服，我建議你可以觀察一下對方的反應，再修正提問方式或者談話方向。如果能夠以私生活為話題，那就可以憑著你的反應去發展對話，也能製造出更多加深彼此關係的機會。

事實上，這個世界上有很多人，曾經遭遇過悲慘的事件或經驗，因此對人際關係有陰影，這些都無法憑藉著他良好的第一印象，就判斷得出來。所以就算只有一秒鐘也好，只要你能提醒自己，那麼在詢問比較私人的問題時，言行舉止就能比過去表現得更好、更貼心。

我們在交談的時候，就算是很正面的話題，也絕對不要忘了帶上一點緊張感。請帶著緊張感和最低限度的禮貌，用謙遜的姿態，去詢問那些跟隱私有關的問題吧。

若顧客告訴你：「我因為要照顧婆婆，最近比較忙碌。」、「其實我以前結過婚（意思是現在離婚了）。」的時候，也不要只用一句「是嗎？」結束話題，這樣實在是太可惜了。

畢竟那是對方人生中很重要的一部分，因為是你，他才說了出來，這時候請你試著向前跨出一步詢問吧。例如，「您要照顧婆婆又要做家事，實在很辛苦，您這樣照顧婆婆多久了呢？」、「吉田小姐平常都很有活力，完全看不出來您這麼辛苦啊，實在是太厲害了。」

有時候，對方也會主動告訴你人生話題，你就要做好有如從十層樓高的大廈，往下做高空彈跳的心理準備跟覺悟。如果能有這種覺悟，那我相信你就能去學習那份關懷他人的堅強和溫暖的心。

當你想要更了解對方時，能以有禮的姿態去詢問，那我相信你離成為一個「真想多和他一對一聊聊的人」的那天也不遠了。

9 三個方法能獲得你想知道的隱私

「您有打算結婚嗎？」、「目前工作還順利嗎？」、「有貸款嗎？」、「您未來會和父母同住嗎？」、「您是否已經有小孩了呢？」遇到讓人心動的對象時，相信女性會有許多問題想問對方吧。

當然，或許也有人嚮往像偶像劇一樣的愛情，完全不在意對方的身分來歷或背景，覺得「只要有愛什麼都沒問題！」但結婚與戀愛不同，結婚是要選擇一個能互相扶持，並成為彼此的家人，在不了解對方的狀態下就結婚，就好像你在吞一種既不知道效果、成分，也不知道有效期限、製造商的藥物。不過直接問又有點失禮，有時候也會破壞對方對你的感覺。

這種時候，我建議你用正面訊息，透過對方的反應，來獲得你想知道的資訊。在這裡，我就要介紹三個會讓對方感到愉快的方式。

1. 想知道對方的職業時：

你：「你的眼鏡真好看耶，看起來就對數字很敏銳，有種高知識分子的感覺！」

對方：「謝謝！我也不確定自己敏不敏銳啦，但我正好在銀行上班呢！」

透過「眼鏡很搭＝很知性」的正面訊息，讓對方自然說出工作方面的資訊。

「對數字很敏銳」，男性聽到這種稱讚會很開心，因為那代表聰明、頭腦好，也會給人一種地位、學歷很高的聯想。

但如果對方給人的印象是身體健美、看起來對健身很有自信，那比起知性的讚詞，還不如說：「您是職業運動員嗎？」、「您的體態已經超越興趣等級了呢！看起來好結實好帥氣！」說不定對方會更開心。

2. 想了解對方的金錢觀與價值觀時：

你：「您的西裝剪裁很合身呢！是請人訂做的嗎？」

對方：「不不，我平常只會在快時尚（Fast fashion，可以在很短的時間，推出時裝週中展出的潮流服飾的商業模式）那種店裡買東西，不太會花錢在穿著上。我反倒是比較會把錢花在興趣和旅行上面。」

從「專門訂製」，可以知道對方都把錢花在什麼地方的資訊，又不失禮貌。有時候憑著對方的服裝剪裁，確實能看出一些端倪，不過透過不同人的品味、姿態、說話方式、言行舉止，帶給人的印象也會有所不同。

「因為穿在你身上，所以看起來很體面」，這種表達方式，幾乎是在直接告訴對方「我覺得你是個很出色的人」，相信聽到的人，沒有人會不高興。

3. 想了解對方對工作和小孩的想法、目前的狀況：

你：「您的說話方式簡單易懂，態度又親切，如果您是我的牙醫師，我小時候就不會因為蛀牙要去看醫師而嚇哭了！」

對方：「謝謝。我雖然不是牙醫師，但是被你這麼稱讚，還真有點後悔當初沒學醫呢。我是義大利餐廳的店長，平常很常接觸有帶小孩的顧客，而且我自己的外甥就住在我家附近，他都把我當朋友，不把我當長輩看呢。」

透過「說話淺顯易懂＝被稱為〇〇師的職業」這個公式，就能問出對方是否有和小孩接觸的機會、對小孩有什麼看法，以及與工作相關的資訊。

一般而言，被稱為〇〇師的職業，都會給人知性、值得信賴、認真、重視規律的形象。但比起〇〇師，有的人反而更喜歡被稱為有創意的人、看起來有藝術氣息、創業家，所以建議要配合對方來改變稱呼。

如同第三點的例子，只是大致上（不需要太深入）用某個職業來比喻的話，對方甚至可能會笑著說：「原來我給別人這種印象啊！」這麼一來，你就能多問點問題，氣氛也能保持愉悅，可以說是一石二鳥。

各位男性讀者，請不要覺得女性很難應付，如果遇到能做到這三點的女性，那麼，她一定是一位能避免傷害對方、非常會為人著想的人。

身為男性，相信你遇到理想結婚對象時，也會有問題想問，舉凡「妳對另一半調職到海外有什麼看法？」、「妳是否很擅長料理？」、「妳結婚後是否會想要繼續工作？」、「對生小孩有什麼想法？」等。就算你有想問的問題，但很有可能因為詢問的方式不對，不僅沒問出自己想知道的事，甚至破壞了與對方的關係。

活用第一印象的正面訊息有一個前提，就是絕對不要「稱讚對方」。在我看來，告訴對方他正面的第一印象，和尊敬對方、為對方著想，是一樣的。

尊敬對方、為對方著想，最後若能讓對方開心，那就再好不過了。不過，如果你想要告訴對方「你跟某個名人長得很相像」的這種正面訊息時也要注意。因為如果那個名人，最近跟犯罪扯上關係，或者因失言而喪失社會地位，那麼對方聽到不但會難以認同，還會不愉快。

如果想要更了解對方，不妨將你對對方的第一印象，用對方會開心的正面訊息，積極的告訴他吧！

10 最不該問的問題：「你覺得怎麼樣？」

我在擔任講師或形象顧問時，經常目睹一些因為不同的問問題方式，得到對方答覆的時間、內容都大不同的狀況。

其中最具代表性的問題方式就是：「你覺得怎麼樣？」

有一次，一位三十多歲的商務人士來向我諮詢今後的生涯規畫。在她寫出自己的生涯規畫（今後的人生，在每個不同年齡層時，具體想要從事的工作、個人生活計畫等）後，我問她：「您自己覺得怎麼樣呢？」她只說了一句：「這個嘛……。」接著就沉默了三至五秒鐘。

她從上到下看了一遍那張生涯規畫表格，再度陷入一陣靜默後，才開始說話。其實大多數的人都會這樣，因此我就會改變我問問題的方式：「松本小姐，妳實際寫下自己的生涯規畫時，有沒有哪個部分最有感觸呢？」

這麼一問後，大多數的人就不太需要花時間思考，可以直接告訴我：「嗯，在紙上寫下來後，就發現人生真的很短暫。」、「六十歲一下就過去了」等。換句話說，「您覺得如何？」可以回答的範圍太廣，會讓對方思考：「到底要回答哪一方面？」而耗費太多不必要的精力。除此之外，「你覺得怎麼樣？」也暴露出提問者沒有辦法縮小問題範圍，要特別小心。

例如，在顧客試穿商品時，你可以把問題縮小一點，具體的問：「您比較在意裙子的長度是嗎？」、「手腕跟肩膀這邊穿起來的感覺還好嗎？」、「顏色您還滿意嗎？」在會議中，你可以事先預想顧客有可能會問的問題，具體的說：「關於敝公司的商品說明就到這邊，您對商品的型號，或交貨日期是否有疑問？」這些問題不僅容易回答，也會讓人覺得你很細心。

如果只問：「你覺得怎麼樣？」雖然給了對方很大的自由度，有的時候的確是能問出一些答案，讓你能夠了解對方的個性，但同時也會讓對方花太多時間思考。這個時候，你就可以加上「憑你的直覺」、「選擇一個」、「如果非要你做決定的話」這些設定範圍或時間的問法，會讓對方比較容易回答。

假設你要向喜歡的人告白，與其問對方：「你對我有什麼感覺？」還不如說：

「如果你有一點點想和我交往看看的話，不知道這個星期六可不可以一起去 Ginza Six（銀座六號）喝杯茶？」請試著找出一個問題，讓對方能夠簡單做出決定，那麼就可以提高約會的可能性。

對了，我只要肩頸變得僵硬，就會去按摩。

就算出遠門，只要一有時間，我就會找家店按摩，享受一到兩個小時的幸福時光。當按摩接近尾聲時，如果幫我按摩的人大聲問我：「今天的服務做到這邊，您覺得如何？」我都會不知如何是好。我知道店家是在提醒我換裝，並催促我出來，好為下一個預約的顧客做準備。

但我明明是在度過一段舒服的時光，卻無法沉浸到最後，還要在被催促的狀態下思考如何回答，實在是很遺憾。當按摩結束的瞬間，我比較希望店員能保持沉默，或是用沉穩的音量，在我耳邊輕輕說：「您辛苦了！」、「在您換裝的時候，我去為您倒杯茶。」這樣我會很感激。

我自己感覺，在按摩結束後，很多店員都不顧顧客還在放鬆，一定非要聽到顧客說一句「很舒服」才能結束。像這種「您感覺如何？」的問題，有的時候會讓對方花費不必要的精力，對對方來說也是一種壓力。

而且在這個美體沙龍的例子當中，店員詢問這種問題，很有可能會給顧客一種草率接客的感覺。其實光憑顧客的反應，大概就可以知道答案的話，就不需要刻意再去詢問了。

好了，各位讀者，你們對這個章節覺得怎麼樣？讓我們放棄這個問法，換這樣問：「讀完了這一章節後，從明天開始，你會盡量問一些讓對方能更容易回答的問題嗎？」我相信這個問題，你立刻就能回答出來了吧。

從今天開始，在問問題時，請問一些對方能馬上回答的問題，並抱持著自信去和人溝通吧。

11 當對方說：「下大雨了！」你要怎麼接話？

正在閱讀本書的你，或許會認為：「就算你說閒聊很浪費時間，但對初次見面的人，立刻就進入正題，還是有點不自然吧！」、「不先閒聊一下就說正事，不覺得有點唐突嗎？」

如果是工作場合，對初次見面的人打了招呼後，就算聊聊天氣的話題也無妨。我現在就要對這個狀況提出一個方案。

當你聊起天氣時，最後要讓對方覺得：「我想要和你多聊聊！」、「你是值得信賴的人。」並藉由對話讓彼此的關係更進一步。

首先先來介紹失敗案例：

你：「今天天氣真的很好。」

對方：「對啊。」

你：「還好今天放晴了！」

對方：「嗯……。」

我們絕對不能讓話題就這麼草草結束。接下來，讓我介紹一個比較理想的例子：

你：「今天天氣真的很好啊。」

對方：「對啊。」

你：「能在這麼晴朗的日子見到中島先生，真是好預兆呢！今天真的非常感謝您在百忙之中抽空與我見面。那麼在進入正題之前，請容許我詢問兩個非常重要的問題。第一個……。」

如果對話能如此發展下去，那麼聊天氣時，就不會草草結束，而是能夠蘊含著感謝，並且讓對方知道你非常注重禮節，你們的關係就能更進一步。

相反的，下面是一個雨天的話題，最後失敗的例子：

你：「今天雨下得好大啊！」

對方：「對啊。」

你：「真希望雨可以趕快停。」

對方：「真的。」

你：「唉，真是麻煩。」

對方：「唉……。」

我們經常可以在大街小巷聽到類似這樣的對話。

接下來我就要介紹一個例子，讓你不再以「下雨了」、「真令人討厭的天氣」結束話題，反而讓你可以表現出你很有時間觀念。

對方：「外面下雨了！」

你：「對啊，那我們加快動作吧！這樣在雨下更大之前，你還可以趕到下一個約定地點。事不宜遲，關於這件事……。」

以下雨為契機，考慮到對方的狀況，就可以給對方一種時間管理很好，做事很穩重可靠的印象。

很多人一遇到下雨，就像打開循環播放一樣，只會說：「下雨了耶。」、「對啊！」假設每一次談生意，你都要花一分鐘在談天氣，如果你一天有一個約，一年就會大約浪費掉四個小時。

如果有這麼寶貴的四個小時，你可以進一步問一些更重要的事、可以去見想見的人、去想去的地方、去接受一些良性刺激，甚至可以悠閒的讀自己喜歡的書，按照自己喜歡的方式，度過這段時間。

假設有人這麼說：「花粉症的季節又來了。」你不應該回答：「對啊，沒錯！」而是要這樣說：「要是能下一點雨就好了。一到花粉症的季節，就會覺得雨水很寶貴啊！不過話雖這麼說，天氣要是真的變了，也是滿討厭的。那我們就趕快來決定之前提到的那件事吧！」

本書在二〇一九年於日本出版，那年正好日本提高消費稅。這時候大家一見面，一定免不了說一聲：「稅率要提高了，真是討厭。」

這時候，你可以試著連結到正面的話題，像這樣：「真的，稅怎麼一直漲啊。不過因為漲稅，我開始用投資 App，嘗試一些小額投資。雖然只是一點點啦，還是能帶來樂趣呢！講到這個話題，我就可以講好久，我們還是先進入正題吧！」、「就算消費稅漲了，這附近還是有一間午間套餐五百日圓的咖哩，不僅好吃還沒有漲價，等一下我把網址傳給你吧！」

在我們的生活中，有許多小小幸福，但也有不少小小怨嘆。剛好這天沒帶傘出門，卻下起雨來；花粉症嚴重到一直打噴嚏或一直被睡魔襲擊，讓人根本無法專心工作；生活上突然多了開銷，也會讓人感嘆真討厭。但是，稍微換一個角度去看，就能避免讓對方聽到一些不必要的話，也可以避免讓他感到壓力。

只要稍微換個說法，就可以更有意義的去運用時間。下次遇到下雨天，請你務必告訴對方：「讓我們加快手腳吧！」

12 實際體驗他的世界，才會了解他的需要

有一次，在某間電信公司研習課程，我請員工分成小組，並請他們分別擔任店員和顧客，進行實踐訓練。訓練的內容，是顧客進到販賣手機的店面裡，店員要招呼顧客坐下，並詢問來店的目的。

這時候，有一個在小組裡擔任店員的男性員工，對著擔任高齡顧客的員工說：「您剛才去〇〇百貨買東西了吧！讓我幫您提您買的東西。」他的語氣沉穩，面帶微笑。當下其實沒有任何小道具，他卻演示彷彿很慎重的拿著百貨公司的紙袋。在請顧客坐下時，又加了一句：「我來幫您把枴杖立起來。」甚至會自己開口說明立在哪個地方。

那時候，我就能想像，這位男性員工應該在平常工作時，就會從顧客拿的東西、身體的特徵來判斷如何行動。同時，我也很佩服他對顧客有著細微的觀察力，並能配

合對方的狀況去提供服務。甚至連我自己，都想要被這樣的人服務了。

又有一件事發生在我二十多歲時，當時我還是空服員。為了引導使用枴杖的顧客能順利進入客艙坐定位，我和同事便在乘客尚未搭乘前的待機時間，實際演練只用單腳從客艙門移動到座位上。

那時候我們才知道，舷梯（進出機艙時所使用的移動式階梯）和機身入口之間會有間隙，兩邊的高低落差其實還滿可怕的。出乎意料的是，機艙內通道雖然狹窄，但前後座位的空間還算寬敞。如果要一邊注意自己的腳邊，一邊用手支撐坐到位子上，其實會不太穩定，也比想像中的要困難許多。

實際演練後，我才知道身為一位空服員，應該在哪個位置給予乘客輔助、在什麼時間點開口詢問、給予什麼樣的資訊，才能減緩乘客的壓力和恐慌。

這個世界上有許多人想要成功、想要建立好人脈，並朝著自己的目標邁進。其中也有許多人打著最快、最短的口號，到處尋找著想要立刻提升自己實力的祕訣。

但問題是，越是這樣的人，在研習時進行角色扮演時，越做不到拿紙袋或立拐杖那樣的應對方式。有的人甚至在請高齡的顧客坐下時，既不會幫他拉椅子、固定椅子，還會直接離開。

對於無法將筆拿穩的老年人，如果你還遞給他比較需要用力書寫的原子筆，以及寫的時候要用力固定，不然就容易滑動的小紙條，那你就是欠缺思慮。在工作時，若你能試著站在對方的角度，實際體驗對方的世界，那你就能看到完全不一樣的世界。從這樣的角度為出發點，再去和對方對話，就能知道對方真正需要的東西。

不要安於自己的年齡、知識，或經驗的長短，實際站在對方的立場，並提升自己的言行舉止，這才是能夠實現目標，與不能實現目標的人之間，最大的分水嶺。

13 不要迴避談信仰、政治、疾病

一般人都認為應該要避免談論宗教信仰、政治、疾病等相關話題。

根據不同場合，也確實如此，我也認為不必積極的去詢問這些問題。但如果是對方先開啟話題，你不必過度覺得「不能問」，可以冷靜且從容的先聽聽對方怎麼說。例如，有一個人脖子上掛了一個很顯眼的紫色巨大天然石項鍊。你說：「您脖子上的項鍊真美！」接著對方開朗的回答：「這個是我信仰的神明的象徵石喔！」這時你會做何反應？

許多人或許會暗暗大吃一驚，認為自己問了不該問的問題。但從對方光明正大的將項鍊掛在身上，我們就可以知道，他本人並沒有想要隱藏自己的信仰。即使對方用了「神明」這個詞，你也不必過度神經質，認為不能過問。

如果你真的對對方很有興趣，或者他是你的顧客，你希望與他建立良好的關係，那我建議你可以繼續問他：「是這樣啊。您信仰的神明是哪一位？」你不需要想：「他該不會會勸我信教吧？」、「他會不會叫我去參加什麼宗教活動啊？」只要想「這是一個自己初次接觸的世界」，去接受就好了。搞不好對對方來說，要告訴你自己的宗教信仰，說不定也需要很大的勇氣。你只要以「得到一種資訊」的心態，去聽對方要說的話，心情就不會那麼沉重了。

題外話，在二〇一七年舉辦的第四十五屆美國總統就任典禮過後，我立刻就和顧客有個會議。記得那時候不知道誰先開口：「川普當上總統了啊！」要是你的話，這時會做出什麼反應？在這樣中立性的言論後，氣氛會隨著接下來的言論而有所改變。

因此，若你可以想像一下你想要營造的氣氛，率先發言的話，就能順勢改變氣氛。當然，如果在場都是一些彼此沒有利害關係，且都很熟悉、興趣相同的朋友，你大可愛怎麼說就怎麼說。但如果是工作、有生意上的往來，那與其表明自己是贊成派、反對派，還不如說一些冷靜且正面的話，來維持當下的氣氛。

舉例而言，在這種狀況下，你可以這麼說：「這個結果跟過去不同，真的會讓人很關心今後的動向，要多關注新聞了！或許局勢會有很大的變動，不過還是對新總統有所期待。」

若這是一場企業間的會議，而彼此的工作，會受到新政權嚴重的影響，那麼或許可以更深一層的討論，又說不定你每一句發言，都會成為對方評估你的依據，所以還是要考量到個別的立場與環境。

如果在對話中，突然出現了政治性話題，而你能有所警覺，盡量不要說一些極端的言論，諸如：「這下川普政權可能會讓全世界暴露在威脅之下了！」、「我實在很擔心日本的經濟會不會陷入危機。」這樣就能避免不必要的誤解與麻煩。

站在對方的立場交談

此外，像剛出院的主管重回職場、得知朋友或家人要動手術或住院等，這些狀況有時候都會讓人不知道該說什麼才好，但要是你能試著去想像：「如果是我的話，我希望別人對我說什麼？」那你就是相當貼心的人了。

總之第一件事，就是要去揣摩對方的心情。之前我有一位很親近的朋友，因為婦科問題，預計要動手術而住院。當時周遭的人對此都避而不談，她卻告訴我：「還真希望大家像妳一樣，多來問問我呢！」

因為我和她認識相當長一段時間，也非常了解她，無論是住院前、住院期間，還是出院後，我都和她聊了許多。我並不是對每件事都追根究柢，比方說在病房時，我會問她：「妳現在有什麼地方會痛嗎？用那個姿勢跟我說話還好嗎？」、「出院後有要固定回診嗎？家人會不會陪妳一起來？」、「有什麼想要看的書或雜誌嗎？」等，我都是用「看看自己能為對方做什麼」的心態去和她談話。

要是你自以為在為對方著想，交談時小心翼翼的什麼也不敢說，有時候對方反而會覺得你一點都不關心他，覺得你很冷漠。不過有的時候，裝作不知情反而比較好。這當然要看對方的狀況，你只能憑自己去摸索。

另外，對方在手術前或住院期間，神經會比較緊繃，如果你要傳簡訊或電子郵件，可以簡短的問候：「或許你現在感到很不安，但我會等你回來職場的！」、「如果有什麼我能幫得上忙的地方，請務必告訴我！」等。對出院的人，你可以開朗的說：「恭喜出院！」、「真是辛苦了。看到你現在這麼健康的樣子，真是太好了！」與其在意不要說出一些禁忌的話題，還不如站在「想要為對方做些什麼」的立場與對方交談，相信對方就能感受到你的用心。

我認為不必太過拘泥於「絕對不能談論生病的事」、「不能問得太過頭」。當你聽到對方說：「我公公因為癌症住院了。」他本人及家人的心情，與今後生活的負擔，也會因為是什麼癌症、癌症第幾期、年紀多大、是否有其他併發症等因素而有所不同。

你不必一聽到癌症，就聯想到死亡，讓自己陷入極度的焦慮。如果你能站在想要幫助對方的角度，進一步深入的提出問題：「實在是太辛苦了，住院的話大概要住多久？」、「不好意思，是哪種癌症？其實我們家也有人正在住院，想必你一定很辛苦，我們一起加油吧！」這樣的話，對方想必也會覺得很安慰。

如果你什麼都不問，只是聊一些很表面的話題，很有可能會給對方一種「這個人一點都不關心我」、「要是發生了什麼事，他大概會跑第一吧」、「這個人只會說一些很保險的話，是很虛假表面的人」的印象。所以請鼓起勇氣，加入任何話題吧。

如果你不小心說了什麼尷尬、不得體的話，也不要轉移話題或含糊帶過，要好好道歉：「真是對不起！我問了失禮的問題。」只要讓對方感受到你的誠意，接著再繼續挑戰接下來的對話即可。

請改變過度迴避信仰、政治、疾病等相關話題的習慣。你必須主動先踏出一步，才能判斷出對方是希望你保持沉默，還是希望多和你談談。

14 很會賣東西的人，都是先幫顧客解決問題

某次我去美髮院洗頭時，對二十多歲的男性助理說：「你們這邊的洗髮精真香！」這位助理就說：「真是太好了，可是這個味道，喜歡的人很喜歡，討厭的人就很討厭呢。」這還真是只能讓人說「是喔」的回答啊。

不過也是有人能回答：「很療癒對吧！」而且如果讓話題停在這裡，也能讓對話好好結束，但有的時候，說話的人總會覺得似乎還要再多說點什麼，因此下意識的說一些沒有意義或者多餘的資訊。

當你覺得似乎要再多說些什麼時，說出來的內容，就要比前面說的話更有價值，或是更能讓人印象深刻。

例如前面那段在美髮院的對話，你可以順水推舟，再加上一些資訊後這樣說：「是嗎？您能喜歡真是太好了！謝謝您！這個香味很清爽，也很療癒對吧！這個洗髮

精裡面，有添加葡萄柚和檸檬等國產柑橘精油，我們這邊有賣五百毫升的家庭罐，大約可以洗兩個月左右喔。等一下我再為您介紹，您可以在櫃檯那邊參考看看。」沒錯，懂得尋找時機，推銷商品是很重要的。

如此一來，對方也很容易接受，因為他能得到跟自己問的問題有關的資訊，除此之外，如果你再說：「柑橘類的香氣有讓人放鬆的效果，再加上我們的是溫和配方，可以每天使用，很推薦！」說不定就真的有人會購買。

有些服裝店的店員，面對在看毛衣的顧客，會自信滿滿的說：「我們這個顏色是賣得最好的！」、「這是今年流行的顏色喔！」他們完全不看對象，見到誰都是同一套說詞，如果他們以為這就算是服務，那就是這間店對店員的教育訓練不足了。

為什麼我會這麼說？因為所謂的人氣商品，意味著在路上和其他人撞衫的機率會提高，說不定有顧客根本不喜歡撞衫。此外，如果顧客是在找明年、後年都可以穿的基本款，店員主打的流行色，有可能就會讓顧客覺得：「這個顏色可能明年、後年就不能穿了。」

要穿在人身上的流行單品，和那些可以靠性能、上手度、其他人的評價或暢銷件數來決定的家電用品不一樣，如果這個店員覺得「衣服、流行配件是人氣商品，所以顧客一定會買」、「因為很流行所以顧客一定會想要」那只不過是他擅自的猜想。

就算接客的時候給人感覺還滿好的，但在對話中少了一種「要讓每一個顧客都買到滿意的商品」的熱忱，或者推銷時完全不能讓顧客喜悅，我都會覺得他們在業績和與顧客的信賴關係上，勢必會有所損失。

配合對方需求，他更願意掏錢

某天，我在某間店裡試用護手霜，一位女性店員向前為我介紹商品。

每當我說：「哇，這香味真溫和！」、「感覺好滋潤啊！」她就會細心的道謝，並且詳細的為我說明產品香味及保養成分，甚至是和店裡其他護手霜的差別，都用簡單易懂的方式為我加以說明。

除此之外，她剛和我對話時，就向我自我介紹：「我是店長，敝姓佐藤。」我也回應她：「敝姓吉原。」接下來，她便把我的名字加入對話當中：「吉原小姐喜歡哪一種香味？」、「您喜歡清爽型還是滋潤型的乳液？」、「吉原小姐選的這款護手霜，是我們店裡保濕度最高的，尤其四十多歲以上的顧客回購率很高呢！」

除了我的名字之外，她也對四十多歲的我，提供了我所需要的資訊，而對於正在考慮要不要買的我來說，她所提供的資訊也讓我更容易判斷。這真是機靈推銷的對話技巧啊。我甚至還有「她是在為我量身推薦」的錯覺。

此外，她說話時最大的魅力，除了營造一種自然、不刻意的愉快氣氛之外，還會在字裡行間加入她自己的想法。

例如，她說：「那麼我來幫您把護手霜上到右手背喔！」接著在我手上塗了護手霜後，接著說：「哇，吉原小姐您的皮膚真細！」（就算是場面話也很令人開心）、「您的手錶真是有品味，需要先幫您拿下來嗎？」她並沒有機械式的介紹，而是配合著當下所看到的資訊，不誇大商品效能，且在很自然的時機裡說出來。

很會賣東西的人，除了很了解商品之外，也會很仔細觀察顧客，以有禮貌的態度讓對方參與對話，並且懂得如何幫顧客解決問題。當顧客遇到這種店員時，就會開啟「現在我想要跟他買」的開關。

除了價格、商品的必要性之外，還有賣東西的人的魅力，這幾項都達到非常高分時，就會湧現「就是現在！」的購買欲望。簡單來說，很會賣東西的人，解決問題的能力很高。

好好面對眼前的顧客，相信顧客買了自己推薦的商品，就會有好事發生，抱持著這種自信，再加上一點機靈推銷，就一定能為顧客解決問題。

15 好工作會留給選對話題的人

過去我在找工作的時候，只要一聽到「裙帶關係」（按：靠關係來獲得較好的待遇），就會覺得這些「幸運的人」，都是靠著企業裡的高層進公司，其實實力根本不夠。

在日本逐漸重視利用人脈進行「員工介紹採用」、「推薦錄取」等，由企業內部的員工推薦適合的人才，或者介紹等錄取方式。

即使是這樣的錄用方式，也不見得每次都會成功，但因為是公司內部的員工推薦認識的人來應徵，從這方面來看，就能初步判定「他和我們公司的氣氛很合」、「他擁有我們部屬所要求的技術」、「他能了解我們公司的條件」，因此能避免僱用到極端不相稱或不匹配的人。

除此之外，也可以降低企業花在找人才上的成本（網路宣傳、委託人力仲介公司等的仲介費），對企業而言非常具有吸引力。

介紹人也必須了解企業需要什麼樣的人才。在思考這樣的錄取方式時，就會讓人重新發現，無數的機會都潛藏在平時和人的對話與相遇中。我自己也經常會詢問身邊的人：「認不認識什麼有推銷經驗，又能用英語溝通的人？」、「有認識擅長EC（Embed Controller，嵌入式控制器）的資深工程師嗎？」、「有沒有人認識可以在三個月內，到新加坡去擔任餐飲經理的人？」

就算經驗和技術非常出色，但平常給人的印象很差的話，自然會有人這樣想：「說到在有很多來自世界各地年輕員工的創投公司上班、又有經營管理能力的話，確實有個叫渡邊的，但他平常態度很頤指氣使、高高在上，脾氣又很暴躁，實在很難推薦他……。」

對企業來說，錄用人才，跟拚了老命沒什麼兩樣。介紹朋友這件事看起來很簡單，但你必須對這個人之後在職場上的表現負責。

反過來說，如果我平常的言行舉止就很頤指氣使、高高在上、脾氣又很暴躁，那麼我推薦或介紹的人就不太值得信任。無論是介紹人、被介紹人，在平常的對話當中，都是有受到他人某種程度的評價。

假設有一個人在對待顧客說話時很客氣，可是一掛掉顧客的電話就開始抱怨：「哎唷、煩死了！這個顧客真的很任性耶，想幹嘛就幹嘛！」如果是你，你會把這個人介紹到朋友的公司去上班嗎？要是我的話，我會覺得他的危機管理能力很低，又很大嘴巴，所以我沒辦法把他介紹給任何人。再說，從他講的話裡，有很多讓人質疑的地方。

這種人面對親近的朋友，他就會很放心，什麼話都說得出來。但在工作上，唯有抱持著「隔牆有耳」的警戒心，注意自己說話的內容和音量，才能讓彼此安心，並且舒服的繼續往來。你能在焦慮、不耐煩的時候，還能表現沉著，不隨便把腦子裡想的事情說出口，那你就能大幅提升他人對你的評價。

就算你是滿足於現狀的公司員工、打工族、醫師或是教師，無論你是何種職業，都不能保證可以在同樣的環境中持續一輩子，終有一天，你也會想要有更高的目標、想要換職業或職場也說不定。

請想像一下，假如被介紹的那一天到來的話……就是你平時的言行舉止被評價、考驗的時刻了。為了那個時刻，請務必從平時就注意自己的言行舉止，是否有達到最低限度吧！

三種言行特徵，讓你有工作機會

容易被介紹的三種言行特徵：

1. 自我介紹能客氣有禮並簡單易懂。

這樣的人能有自信、搶先對方打招呼，在道別時，還不忘說：「今天能見到您，非常開心！」、「謝謝您撥冗與我見面！」

假設這個人是甜點師傅，那他就能設想或許會有人問他「在哪裡上班？」、「平常會做什麼樣的甜點？」等問題，並經常帶著精心拍攝的照片或店內卡片，以便隨時向人自我介紹，並讓人立刻就了解。

2. 選擇的話題非常「健康」。

如果和一個人談話的話題，都是鍛鍊身體、郊遊踏青、爬山烤肉，或者是最近開始學書法、茶道，對合氣道有興趣等，這種讓人覺得這個人身心都很健康，給人一種能應付壓力，也能給人安全感，比較容易讓人為他介紹工作。千萬不能說出「每週都會去買醉一次」、「週末我都睡到像死了一樣，一路睡到傍晚」讓人不覺得好笑的發言，多數人聽到這些話，都會在心裡想離你遠一點。

3. 能維持儀容整潔，行為從容的人。

有一些人，平時給別人的印象就是不太愛乾淨、生活不太養生。例如，衣服皺巴巴的、毛衣上都起毛球或破洞，或者牙齒和指甲看起來很髒、皮包或錢包裡亂七八糟、手機畫面滿滿都是手印油垢，或是保護貼上都是裂痕。這和是否有時尚品味無關，而是這個人是否有努力打理好自己。有沒有去除衣服上的皺摺或髒汙、是否在出門前擦亮鞋子，從容做好外出的準備。

在這個大家都說人生長達一百年的年代裡，就不能光憑工作、光靠年紀，而是要懂得運用溝通技巧，找到氣味相投的夥伴，才是活在新世代的處世之道。除了家人之外，無論你活到幾歲，都有可能會遇見值得信賴、得以快樂相處的夥伴。

我最近在停車場遇到人都會打招呼，巧的是，我在和車子停在我旁邊的女性打招呼後，覺得氣味相投，因此相約之後一起共進早餐或午餐，這真是令人開心的發展。

我們的日常生活當中，潛藏了無限與有緣人相遇的機會。你何不也試著開始打招呼看看呢？

第三章

表現優秀的人
都有的說話習慣

1 立刻進入主題的三秒短語

本書中所說的閒聊，指的是無法感動對方，或是無法打開彼此心防、無疾而終的這種對話。

我所詬病的閒聊，是那種只為了填滿空白，對誰來說，都是膚淺、輕率的話題。因為這種話題，無法表現出你對對方的興趣或關心，就無法充分的利用時間或機會。

或許有人會覺得：「沒必要每次講話都要全力以赴吧！」、「我要是一直問東問西，對方一定也會覺得很困擾。」的確，拚了老命問東問西，有時候會營造出不合時宜的氣氛。我也能理解，有時候確實會有一些狀況，讓人覺得交談很麻煩。

反過來說，也有很多人想要被人覺得自己很聰明、不希望別人覺得自己很笨、不希望別人對自己印象不好。這些人為了這些理由，就會刻意裝模作樣、表現得像自己很聰明一樣，為了不出糗，而挑選一些安全的話題，或者是小心翼翼不要多問。某方面來說，這也許是為了要當一個不失禮的人所需要的常識吧。

但是如果對方是你今後也想繼續維持關係的人，或者是在工作上有明確目的而交談的對象，你卻還害怕冒任何風險，盡說一些既不會留在自己，也不會留在對方記憶裡的話，那我可以肯定，彼此之間的關係是不會有所改變的。

也許你現在也經常這樣對話，但請你客觀的想一下，自己為了要拚命表現出很聰明的樣子，在對談時所選擇的用字遣詞、提問的內容和態度，你有什麼感覺？在現實中，如果你不是很認真的面對眼前這個人，去和他交談，那麼對方對你也不會有什麼特別的感覺。

我們對於和我們交談的對象，能夠很敏感的捕捉到一些負面情緒，比方說他（她）對我沒興趣；他和我只是一直在閒聊，大概很想走吧；他是不是瞧不起我等。所以，就算臉上沒有表現出來，也很可能會因為閒聊而距離被拉遠。

雖然我一直強調閒聊是無意義的，但我並不完全否定聊「天氣」這件事。

在電梯裡遇到鄰居時，我們也會說一句：「明明已經是黃金週了（五月），今天怎麼還這麼冷啊！」「真的！」在這樣的狀況下，聊天氣是沒問題的。因為彼此都住在同一棟大樓裡，那麼互相愉悅的打個招呼、談論一下天氣，恰好可以維持一個適度且令人舒適的距離感。

我想你應該也不會特別想跟鄰居擁有一份特別深入的關係吧。本書是聚焦在那些你很重視的人身上，並提倡去除閒聊、投注心力的對話方式，就算你完全不聊天氣，也能夠交談。

我必須再重複一次，我所要強調的是，如果你在工作上或人際關係上，有一個具體的目標（希望顧客跟你買衣服、想要把商品賣出去、希望對方幫你介紹人選等），那麼你就該轉變過去對於閒聊的概念。

你不需要一直聊一些沒有深度的話題，創造互相假笑的時間。接下來，我就要為你介紹在遇到對方，道完「您好！」、「今天謝謝您撥出貴重的時間與我見面！」之後，就能立刻進入主題的簡單短語。

這些話語都只要短短三秒鐘，既簡單又便利。請務必投入感情，試著唸出聲。

能立刻進入主題的三秒短語：

- 「○○先生（小姐），我有個問題想要直接問您，不知您介不介意？」
- 「○○先生（小姐），今天我有一個提案無論如何都想要提出來！」

●「這件事情我除了〇〇先生（小姐）以外，就沒有別人可以商量了，所以我今天一定要跟您聊一聊。」

●「真開心能見到您！我不想錯過這個機會，所以請容許我立刻進入正題。」

●「在下次遇到您之前，我有一件事無論如何都想跟您確認一下。」

●「不好了，見到您聊得太開心了，突然時間都不夠了。這邊我有一件事想要先跟您確認一下好嗎？」

這些短語裡面，都包含了「因為現在、因為是你，我有些事情想問」這樣強烈的願望，以及「我有現在就要說或問的必要」等具有說服力的理由，其中也包含了對對方的感謝與尊敬。

請抱持著替對方著想的心情以及適度的禮節，好好做準備，試著自然的使用這些能立刻進入主題的三秒短語吧。

2 不失禮又能結束話題的說話公式

假設你對某個人說：「唉、真痛苦，我因為花粉症，噴嚏跟鼻涕都停不下來！」接著對方這麼說：「我也是超嚴重的！我的過敏已經二十年了！」然後奪走你的主導權，讓你必須聽對方滔滔不絕。

一到春天，大街小巷就會充滿花粉症、過敏的話題。遇到這種「難過」、「好痛苦」、「很嚴重」、「很辛苦」的話題時，只要是人，都會想分享自己的親身體驗。

例如，「花粉症好痛苦」、「之前我發燒，昏睡了好幾天」、「因為流感，好多人都請病假，害我工作變得好多」、「之前跌倒受了很重的傷」等。這個世界上有很多人，都想對他人傾訴自己不幸的事來獲得安慰。明明是自己先開啟話題，卻被別人搶走主導權，這種時候，大概誰都會希望能早點結束這個話題（不想講太久）吧。

雖然對方有很大的問題，但你身為一個傾聽者，在不讓對方受到傷害、又能達成對話目的，你也需要有能力轉變話題。我在這裡要推薦一些公式，照著說，就可以在對方的話語中，找到自己能夠做出反應的機會。

既不失禮又能結束話題的說話公式：

1. 一句有同感、擔心的話：「那真的是很辛苦耶！」、「你還好嗎？真令人擔心！」等。

2. 建議立即行動（為了對方的利益做出提案）。

3. 立即行動（具體的行為）。

※下面文中的1. 2. 3. 各自應對公式的1. 2. 3.。

主管的花粉症很嚴重時：

「1. 課長你真的是太辛苦啦（語調要起伏、緩慢而清晰）。2. 這種時候我們還是趕快決定議題吧。3. 課長，請先看資料的第三頁（手裡要拿著資料）。」

正要離開，但顧客卻提及自己感冒快要痊癒：

「1. 加藤先生，真是謝謝您在這麼不舒服的時候，還撥冗出來和我見面。2. 這種時候請您早點回去，要多休息喔。現在還可以趕得上下一班公車，請您加快腳步！3. 來，我為您套上外套（有禮的協助他穿上外套）。」

開公司內部會議時，主管因為感冒，聲音十分沙啞：

「1. 真令人擔心，2. 為了不要讓田中先生的感冒變嚴重，我們今天就用一分鐘來分配大家的工作吧，其他的就用電子郵件溝通。3. 麻煩大家了（鞠躬後，釋放出開始的訊息）！」

同事因為助理請假，工作量大增，正準備開始抱怨：

「1. 真不愧是小野，在這麼辛苦的時候，還把資料整理的那麼仔細！2. 接下來的工作讓我來聯絡吧。3. 那我陪你走到電梯那邊。來（指引對方到電梯前，並按下按鈕）！」

在對方話講到一半時插嘴，或者直接說：「讓我們趕快進入正題！」除了讓人感到無禮，也會有一種你這個人怎麼這麼心急、脾氣不好的印象。所以你可以參考前面的公式，自然的引導話題。

我要再重複一遍這裡的重點，請用提議和行動來表現出你的同理心及擔心。

若是冷知識這種閒聊的話，那我建議你可以明確的說：「哇！真讓我上了一課！謝謝！」來結束話題。如果只說「哇！我學到了好多！」對方很可能會越講越起勁，所以你要用「哇！真讓我上了一課」來表示「我已經聽完了、謝謝」。

遇到對方狀態不太好，或者剛好壓力很大的時候，你卻毫無同理心的說：「讓我們快點進入正題。」這樣不僅會讓對方不滿，也會覺得你是個不貼心又很冷血的人。請記得要加上一句：「真是辛苦了！」、「在這樣的狀況下，感謝您還特地抽空見我！」等話語。

任誰都會抱怨、吐苦水。如果是你自己想要說這些話的時候，請試著在十五秒內結束這個話題，並加上一句：「真抱歉讓你聽我抱怨！」接著再自己切斷話題：「讓我們進入正題吧！」這樣對方就不會有壓力了。無論是對方主動提起的閒聊，還是自己不禁說出的閒聊，都由你主動來結束吧！

3 你以為的親切服務，有時是反效果

經常滔滔不絕閒聊的人，不但缺乏客觀審視自己的習慣，有時候也會覺得：「這個人會聽我說話，應該沒問題吧」而輕忽對方。換句話說，你就會讓對方認為是個無法結束話題、沒有決斷力的人。

你是否自以為親切的一直聽對方說話，就能得到「我是很親切的人」、「他應該覺得我是個很好的傾聽者」這種評價？實際上，你對對方而言，你只是個可有可無的人而已。

我們幾乎都會去美髮院、醫院、藥局、美體沙龍店，如果是女性的話，可能還會去美甲店等場所。我如果遇到為我服務的專業人士，因為一些無關緊要的閒聊，而停下手邊的工作，我會感到壓力非常大。畢竟每次到美髮院、美甲店，至少都要坐一個小時以上，已經是件非常痛苦的事了，如果每次都還要閒聊，那更是另一種痛苦。

如果只是稍微聊聊也就罷了。我因為工作性質，平時就必須不斷的聽對方說話，因此到美髮院或美甲店的時候，我並不想要很認真的聽對方閒聊，但我就遇到那種，我反問：「鈴木小姐是妳的話，你覺得怎麼樣？」的時候，對方整個停下手邊的工作，還比手畫腳了起來，且光說明一件事就用了十秒以上的窘況。

這時候我腦海裡的停止鍵就會啟動。一秒、兩秒……希望這種痛苦趕快結束，希望他的手可以同時工作，為什麼她不知道我想要趕快回家呢？我的內心都會充滿這些情緒。

如果顧客問你問題，而你拚命回答到忘了工作，請不要以為這樣叫做服務。所謂的專業人士，是可以一邊對話、手與腦還能同時動作，並確實而快速的提供對方需要的服務。我誠心的希望大家可以理解，有人很喜歡說話聊天，但也有人像我一樣，所以一定要先理解對方，再配合對方去調整聊天的比例。

過去我在工作上和某個人曾有過這麼一段對話：

我：「田中小姐，妳真的很想跟人講這件事對吧！」

對方：「哎呀，抱歉，我太長舌了吧？」

我：「對啊，我想說，如果今天光講您昨天遇到的那個討人厭的計程車司機，就結束的話，那我還真不知道該怎麼辦呢。」

對方：「哈哈哈，我已經很滿足了。」

我：「田中小姐就算遇到了討人厭的人，還是可以這麼開朗的說出來，個性真好！對了，您等一下在這邊還有別的約吧，那我們今天趕快決定〇〇吧。」

在這個例子當中，我在前面已經靜靜的聽了對方說話，最後我說「對了」，彷彿是突然想起來的感覺一樣，試著將話題導正。

另外，在某次會議上，一位男性主管為了炒熱氣氛，說了一個笑話，這時女性主任M小姐就明確的說：「早川先生（主管），我可以繼續講下去了嗎？」男性主管接著說：「好的，我已經講夠了！」會議上大家又笑了，於是M小姐就這麼說：「早川先生是個好人，雖然經常講話很冗長，但是他的決斷力可是我們公司裡的第一名，所以請各位放心。」

真是厲害啊！當然，這個對話是建立在兩位的信賴關係上，不過我也希望自己能有像M小姐一樣的說話能力。首先先明確指出時間的問題，接著再一邊強調對方的長處或優點，最後將對話引導到目的地。

例如，「我被渡邊先生你獨特的說話方式吸引住，如果都聽你講一個小時，那就不好了。還是先讓我們來開會吧！」帶著敬意與一點俏皮，將對話引導至目的地。或是像這樣：「野村先生，能把十秒鐘讓給我，讓我說一下嗎？」直接明瞭的這樣說，說不定還能引起對方的笑意。

不過畢竟不是每次的對象，都是彼此能一笑置之的關係。立場不同，有的時候遇到主管或顧客，用同樣的方式可能就會太超過。但是直接明確的說出：「你話太多了！」、「糟糕，都這個時間了！」有的時候可以消除隔閡、以笑來解決問題，所以請務必好好觀察對方以及當下的狀況。

結束閒聊，有時候可能會破壞對方的興致，因此很多人對此都相當警戒。但請試著想像一下：如果在工作上有一件很重要的事，你不得不討論出結果，但是你又沒辦法結束別人的閒聊，眼看時間就快要結束。最慘的是，如果最後沒有達成目的的話，你就會被評價為工作決斷能力與時間管理能力很差的人。

當一個人說得正開心，而你可以在不傷害他的前提之下，引導他從閒聊中脫離出來，這不只是不要剝奪對方的時間，同時也是拯救自己。

讓我們回到前面的話題吧。如果你的職業是像美髮師、美甲師等，面對一個顧客要花長時間、近距離工作的專業人士，那麼請練習一下，你要在三秒內回答完顧客的問題，並將同樣的問題，用不一樣的方式回問顧客：「如果是您的話會怎麼做？」然後將話語權交給對方。

「一定要閒話家常！」、「顧客一定很想聽我們這些專業人士的意見！」、「畢竟是服務業，所以讓對話能持續下去是必備技能」這些想法都是錯的！比起對話，更重要的是迅速確實的工作，以體貼的方式讓顧客滿足，這樣才能抓住顧客的心。

4 把想說的話去掉五成，對方更喜歡你

這幾年經常有人提到「斷捨離」。

這個流行語是自稱「雜物管理諮詢師」（Clutter Consultant）的山下英子所創造出來的。Clutter，原先的意思就是雜物，她認為，斷捨離就是透過整理物品，來了解自己、整理心靈，讓人生更舒適。

嘗試斷捨離之後，據說有人發現了自己的東西有九成以上都是不需要的。我們不難想像，藉由整理出真正不要、長久以來無法下定決心捨棄的東西，生活空間不僅會變得開闊，心情上也更能夠自在從容。

我身為形象顧問，主要對商務人士提供一些提案、簡報上的諮詢。其中在簡報時，有一些重點和斷捨離的概念是共通的。

那就是把你想要說的話，去掉五成。

或許有人會認為：「要去掉一半，未免也太多了吧！」但人們下意識說出的話，其實有近五成都是沒有用的內容。

我在這裡就要舉一個飯店訂房員的例子：

顧客：「我在一月三號要住一個晚上，是否能預約一間兩人的標準房？我想利用新年的假期住宿，只要有一間空房就好了……。」

訂房員：「真的很抱歉，一月三日的房間預約都滿了。隔天一月四號和五號的話都還有空房，不過也只剩下兩間。因為最近有很多預約，所以如果您馬上做決定的話，還是訂得到的。順帶一提，最後這兩間房也是標準房，房內有兩張單人床，看您要選擇禁菸房或者可抽菸房。您意下如何？」

以上的對話，你認為有哪些資訊應該直接刪除？

首先整理出哪些是顧客想要的「簡明答案」。那就是「一月三日是否還能預約雙人的標準房？」顧客在對話中已經明確告知，只有這一天可以住宿。所以訂房員說的內容，可以去除的部分就是「隔天一月四日和五日的話」一直到最後。

按照對方的提問簡明回答，以下內容是最好的答案：

訂房員：「感謝您的詢問，真是抱歉，一月三日這一天所有的房型都已經客滿了。我們可以為您安排補位，看是否有顧客取消，但無法保證一定有房間。謝謝您選擇敝飯店，但真的很抱歉，只能為您做這樣的提案，您覺得如何？」

你要經常問自己是否能簡要的回答對方的問題。

無法達到顧客的需求，所以想盡辦法來找出替代方案，這樣的態度很好。但是，就算提出一些對方根本不可能選擇的替代方案，那也毫無意義，而且浪費時間，甚至讓人覺得很不貼心。

三大重點，捨棄多餘內容

電子郵件溝通也是如此。

過去我的一個顧客，因為工作上的專案，必須採購一些比較新奇的商品，因此寫了電子郵件給製造公司。但這個顧客不小心把先前問過的問題也寄了出去。於是製造公司的負責人就在信中回道：「關於這個問題，就跟之前回答的一樣。」也讓收信人了解要自己去確認之前的郵件。

順帶一提，這個顧客傳了兩次的郵件裡的問題，都是可以直接回答「有」或「沒有」。這個製造公司負責的人，明明可以對顧客再回覆「有」或「沒有」就好了。

對於商品公司負責人顯露出來的不體貼甚至是傲慢，都令我相當吃驚。在面對顧客時，最好的回覆就是「是的，關於〇〇沒有問題，若您還有其他問題，請隨時提出」，而且這不是基本該有的態度嗎？我真希望這位負責人能澈底改善對顧客的態度，並重新訓練商業書信的能力。

想要捨棄不必要的內容，簡要的傳達想說的話，必須注意以下三大重點：

1. 用一句話說出對方想要的「明確答案」。
2. 提出的提案或替代方案，要在對方能選擇的範圍內。
3. 表達正面（感謝或感激）的情緒。

第三點的表達正面情緒，為的是不要讓對方感到不愉快。例如，「感謝您的詢問」、「在眾多選擇當中，您選擇了敝公司，是我們的榮幸」等；相反的，前面那個製造公司負責人的案例，就是在表達負面情緒。

負面情緒的代表例子有「就像我之前說過的」、「看您似乎是忘了，我這裡再說一次」、「我已經說過很多次了」、「所以說……」等。如果你用了這些語句，只是把自己「不要讓我同樣的事情說這麼多遍」，這種不耐煩的情緒丟給對方，顯示出自己的器量有多小而已。

遇到這種情況，有一些方法可以拜託對方再度確認，也不會有責怪對方的意思，甚至讓人覺得你很謙虛。那就是在說話之前先加一句「之前我有向您說明過一次，但可能我的解說方式有點不好懂」，這或許是日本人特殊的價值觀，但「就算自己沒犯錯，還是要給對方面子」的做法，通常都會得到好評。壓抑住自己的不耐煩，去除那些情緒化的用詞，你就可以給人一種明智又洗練的商務人士的印象了。

做簡報、介紹商品時，有很多人會在開頭說：「那麼就讓我們進入商品說明的部分。請您注意這個畫面的部分。」像這樣連續使用「的部分」。這個「的部分」完全就是贅詞。請你立刻回想一下，自己是不是也經常如此。

若你能集中在對方想要的答案上，並有意識的將不必要的用詞或內容去除五成左右，那麼你就能隨時既親切又簡要的和對方溝通了。

5 八種情境，別跟對方攀談

世界上有兩種人，一種人可以找到攀談的最佳時機，另一種人則否。

就算你停止閒聊，並且準備好要充實對話，但如果你找不到搭話的最佳時機，前面的功夫也很有可能付之東流。

下面就是你應該避免向對方搭話的八種時機：

1. 對方正好用叉子或湯匙拿起食物時。
2. 對方正要把食物放進口中時。
3. 對方正在咀嚼時。
4. 對方正用吸管吸入飲品時。
5. 對方接起手機說「喂」的時候。

6. 對方正在使用電腦，不斷傳來打字聲時。
7. 對方正在咳嗽時。
8. 對方正在和其他人交談，正聊得高興時。

某次我正在餐廳吃午餐，當我把食物大口放進嘴裡後，店員立刻就問我：「請問什麼時候幫您上甜點呢？」我實在很想跟他說：「在問問題之前，先看一下狀況好嗎！」但當時我正在咀嚼食物，因此做了一個「請等一下」的手勢。這位店員絲毫沒有抱歉的樣子，就一直站在原地等待我回答。記得我當時為此還滿惱火的。

接著這位店員，第二次也是在同樣的時間點向我搭話，因此我就用最快的速度把口中食物吞下去之後，告訴那位店員：「不好意思，你可不可以不要在別人嘴巴裡面有食物的時候問問題？這種時候人家沒辦法說話吧？」這時店員才一副恍然大悟的樣子，並向我道歉。令我驚訝的是，他竟然連這種最基本的禮貌都不知道，而且因為這樣，讓我在用餐時感受到不必要的壓力，真是讓人難以忍受。

如果你完全不考慮對方的狀況，自己想講話就講話，那麼對方認為你不體貼、不機靈、不會察言觀色，也無可厚非。這種人缺乏上述三種要素，我把「不會」以

「N」來代替，把這種人稱作「3N的人」。

在顧客正在交談中突然插話的店員，就屬於3N的人。當然，站在店員的立場，他們必須在有限的時間內提供服務，如果要一一觀察顧客對話的時間點，那麼根本無法工作。但越是這種時候，很會尋找搭話時機的店員，就會採取以下行動：

首先，為了要製造出能和顧客說話的時間，他會在開口之前先拉近與顧客之間的距離，並等待時機。具體方法，就是單腳向前踏出一步，身體向前傾，進入對方的視線範圍。接著要用視線和全身釋放出「我想要和您說話，現在正在等待您適合的時機」的訊號，再以沉穩的表情看向對方，等待與對方四目相交。這麼一來，顧客就會注意到店員的存在，並告訴店員可以說話的時機。

任誰都不想在談重大生意時、在約會中被他人打擾。而你卻只顧著自己的工作或狀況，大聲的說：「讓您久等了！為您上今日濃湯，今日是法式牛蒡濃湯，裡面使用的牛蒡，是跟我們餐廳直接簽約的農場……。」這樣勢必會讓聽話者感到不愉悅。

其實很多時候，有許多人找不到與對方搭話的時機。在這裡我要重新強調，所謂搭話的時機，必須是對方認為現在可以跟你說話的時機。就算你要問對方：「不好意思打擾一下。」為了不要驚動對方，所以在開口之前，就要先採取前面介紹的「進入對方視線範圍」。

前幾天，我走在路上。一位走在我後面的男性，撿到了我掉落的鑰匙圈，他說：「不好意思，妳的東西掉了喔！」並把東西遞還給我。他向我搭話的時候，其實加快了腳步，走到我面前，等彼此都確認了眼神之後，他才開口向我說話。

我相信是因為他不想嚇到我的緣故。如果我完全沒意識到他的存在，而他就在我背後很近的距離跟我說話，我相信我會很緊張。在開口之前，讓對方感覺到你的存在，並且用視線示意，就會有很好的效果。

此外，如果對方正在氣頭上，而你又想要說話時，也請先在對方說完話之前，認真的聽對方要說什麼，等待適當的時機（比較細節的時機，就是等對方的呼吸逐漸緩和、正好吐完氣的時候）。

為了找到正確的說話時機，就要好好觀察對方每一個瞬間所說的話和動作，並算好「現在就是機會」。搭話的時機給對方的印象，和你所說的內容有著一樣的分量。如果掌握好說話時機，我相信你之後的談話，就已經成功了一半。

對話不僅僅仰賴使用的詞彙，也必須從身體到氣氛去表現。請試著找出在開口前你所能下的功夫，並且好好實踐看看吧。

6 道理要說，但要換個方式

「我覺得對工作就是要有熱情才行！」
「人生應該要及時行樂。」
「每天都應該心懷感激。」
「要認真的面對工作。」

相信你或多或少都曾經聽別人說過以上這些臺詞吧。

這個世界上，就是有人會刻意把這些誰都知道的「應該要」、「就是要」當成是上課一樣，經常講、每天講。說這些話的人，或許覺得自己是在說一些很重要的道理，但是聽的人應該會覺得「不用你講我也知道」、「你不用講那麼多遍」。如果你無視對方的個性、狀況、經驗、經歷，或目前所處的立場，只是自信滿滿的說一些大道理，那你就要注意了。因為到頭來，這些話就會跟閒聊沒什麼兩樣。

就算你是說到做到、不惜付出努力與代價，且實際上也有做出成績的人，你卻以為只要說「應該要」、「就是要」，就能改變對方的行動，那你就大錯特錯了。因為我們平常總是依照自己的想法去思考，並付諸行動。那些理所當然的道理，如果是自己說給自己聽那也就罷了。如果是說給別人聽，就會有一種瞧不起人的感覺。

假設在聚餐的時候，有人這麼跟你說：「人生苦短嘛，當然要即時行樂啦！」聽到這番話，你會有什麼感覺？當然也是要看說話者是誰。但是比起「哇，真是個了不起的人！」或許更多的是「唉，總之先點頭表示贊同好了」，並覺得是在跟一個麻煩的人打交道吧。

很多時候，越是理所當然的道理，就越難做到，我也可以理解有人會想要把這些話說出來。但正因如此，如果希望對方實踐那些道理時，表達方式就變得很重要。例如，把「人生應該及時行樂」這句話，換成好像是說給自己聽的說法：「真希望我也能更懂得享受人生啊！」這樣既正向，也不會有一種強迫別人接受的感覺。

某一次我因為房子要重新裝潢，而向一位男性建築師諮詢。因為我完全不懂建築與裝潢，既不了解建材的耐久度或構造，也不了解跟建築法相關法規，只是依照自己的喜好來提問：「這個櫃子能不能再寬一點啊？」、「這面牆壁不能打掉嗎？」這位男性建築師會很體諒我的想法，每一次都會先贊同的說一句：「嗯，對啊。」。接著他會很明白的告訴我，因為施工方法或強度的問題，看起來會完全不一樣，或者A可行，B就沒辦法等。

展現出你想要了解對方的態度

例如，「嗯，沒錯，這邊的櫃子如果寬一點，在廚房做事時就會比較方便。」、「的確，這邊的牆壁確實卡卡的，我懂你想要把它打掉的心情。」以他身為專家的角度來看，一個完全不理解建築物結構的外行人，一直在提出一些難題，就算他已經習慣這種狀況，多少還是會有點不耐煩吧。但他沒有冷酷的回絕我的意見或疑問，而是先認同了我，因此我對他就多了一份信賴感與期待，覺得：「若是把工作交給這個人的話，他應該會幫我！」

這個世界上有成千上萬的專業人士，都可以說明自己的專業領域。但很少專家能夠接受，或認同對方的意見，並做出讓對方感覺良好的反應（說明或說服）。

如果只以對方說的話是否正確，來作為判斷基準的話，話中就容易帶刺。而如果一個人，能夠表現出「我想要了解你的想法」的態度，那麼無論是工作還是人際關係，必定都能得到機會。

這個世界上有很多人都憑藉著專家身分、擁有高學歷、在社會上有頭有臉、年紀比對方大、很有錢、出身名門等條件來評價自己或他人，甚至因為自己的朋友、另一半或家人當中有這種人，就誤以為自己也很了不起。

但是，如果你想要改變他人的想法、讓自己的人生變得更好，你的表達方式就應該讓別人覺得舒服、開心。就算你用自己的標準去衡量他人，用高高在上的態度去待人接物，對你也不會有什麼好處。

當你越是一個能向人炫耀、擁有很多東西（財富、地位、頭銜）的人，你越要懂得用平等的視線，去和他人對話，想辦法去增進自己的魅力。就算你有一百張證照、光鮮亮麗的職稱頭銜，這個世界還是會從你的表達方式去評價你。

從現在開始，試著回想自己是不是講過什麼理所當然的道理，並思考一下，要怎麼在同意對方的基礎之上，再傳達自己的意見吧！

7 多用「貴公司」開頭，生意自然來

我二十多歲時辭去了當時的工作，開始以講師的身分獨立創業，當時發生過一個讓我很難為情的插曲。

某位朋友在人力公司任職，他介紹了一位企業社長給我認識。這位企業社長想要在員工研習方面下點工夫，而這位朋友覺得如果替我介紹，或許會為我帶來講師方面的工作機會。

當時我對這種狀況不太熟悉，自始至終都只是很努力的在聽那位社長說話而已。又因初次見面，我很猶豫是否要稍微自我表現一下，畢竟是難得的機會，然而直到最後，我還是沒有表現出自己的優勢，或者提出工作提案，甚至也沒有問問題，就離開那間會議室了。

在回家的路上，我那位在人力公司上班的朋友，給了我這樣的建議：「吉原妳為什麼不跟他推銷一下自己的講座呢？妳明明可以問他：『要不要先從兩個小時的研習開始試試看？』妳如果不多表現一下，會沒有工作的！」他說的沒錯。如果只是靜靜的聽對方說話，什麼機會也沒有。自從我得到這位朋友的建議之後，面對每一次的碰面、會議，我都會在事前先設定一個明確的目標。

這個插曲，也可以套用在正在找工作的學生、新進員工的身上，因為這些人還無法拿捏自我表現和謙虛之間的平衡。不過，在和人碰面的時候，覺得「自我表現很沒禮貌」是錯誤的想法。

過去我也曾覺得自我表現就是厚臉皮自我推銷。但我後來就把它想成是配合對方需求，展現出自己能貢獻之處。這麼一來，我就不再猶豫，可以直接對他人說出自己的專業與經驗。以我的例子來說，為了要讓別人了解我的優勢，我就必須提到自己過去出版的書籍、舉辦過的研習講座，說明我顧問的工作內容等。

在過去，我或許只是不想要被人覺得是個厚臉皮的人，而表現得很酷而已。自從我採取了新的想法之後，我開始能夠抓到傾聽對方說話，與自我表現之間的平衡。

首先，我會以這樣的觀點，提出問題：「為了符合您的需求，請讓我多了解您一些。」接著，為了要讓對方覺得我值得信賴，也必須簡要的介紹自己（說明自己能為對方做什麼），這樣就能達到良好的平衡。

假設你的工作是網站設計。對方想要委託你幫忙設計自家公司的網站，那麼對方通常會有以下疑問：

- 「具體上你能做什麼？」
- 「如果委託你的話，能有什麼好處？」
- 「你的技術到什麼程度？」
- 「需要多少錢？」
- 「製作時間要多久？」
- 「你是否有什麼值得信賴的實績？」
- 「你有足夠理解力及品味，能把想法反映在設計上嗎？」
- 「製作完成後，你是否能協助維修？」

並不是每一個你在工作上遇到的人，都能夠很誠懇且有禮貌的詢問上述這些問題，所以你必須主動積極，搶先一步說明對方有可能會想知道的事。

掌握問題，並搶先說明

之前我為了要設立自家商品的購物網站，曾經和幾家網站製作公司的人見過面。A公司的業務帶來了一些資料，其中的樣本，相當符合我事前在電子郵件中告知過他的公司形象，我很感謝他有備而來。不過，雖然他說：「我以時尚的感覺試做了一下。」但他所準備的東西，只是將一般的圖像組合起來而已。

此外，他還給我看了幾個A公司實際製作的案子，但那些網站的商品和目標客層，與我們公司的完全不同。另外，A公司也沒有提供任何預期效益、預估購買等統計數字、集客分析等各種具體的資訊或提案。他們的提案內容只停留在視覺上，所以我無法明確知道，如果委託A公司的話，實際上會有什麼好處。

B公司的業務則是一直說一些很一般的案例，如果我不問一些具體的問題，就無法聽到我需要的資訊。他的提案內容也是像這樣：「這是我們擅長的領域，一般的話我推薦這邊這個方案。」、「一般來說，這種設計是現在的主流，我們過去有很多個案例。」等，不停的在說自己的專業領域和一般的案例。

其實我平常也很注意這一點，如果你提出的方案，不是專門為了顧客絞盡腦汁想出來的點子，對方就會難以決斷。做出來的網站如果不能提升銷售額和顧客滿意度，那麼就白白浪費寶貴時間與成本。

最後我決定要委託C公司，他們在一開始就掌握了我們公司的經營理念、顧客屬性，以及相關的市場資訊。C公司並不只關注設計，他們所提出的方案，讓我能夠輕鬆簡單的更新網站上的資訊，並且他們也分析了顧客會需要的網站功能，做出極簡的網站設定。

C公司頁面設計和按鍵設定，都簡單易懂，讓顧客在購買商品時不會困惑，購買過程也很簡單。他們的方案不光是視覺方面，同時也非常重視經營方與顧客雙方使用的感覺，內容也相當簡單明瞭。一樣是網站製作公司，提案力卻有這麼大的差距，讓我覺得很有趣。

在工作上提出方案時，只要讓對方感受到「拜託請選擇我吧！」的態度，我相信任何人都能夠拿出很好的成績。首先先停止用「我」、「我們公司」開頭，把「您」、「貴公司」放在最前面來展開對話吧。重點是要把對方的需求，結合自己的強項和優勢去做提案。

「鈴木先生您即將開幕的餐廳，整體概念是『Modern Japan』，想必是也想要招攬海外的顧客吧。接下來就從我們的網頁製作及作品集，來向您說明非常有效的兩種系統！」讓我再重複一次，誰都可以說一些他人都已經知道的事，卻少有人能站在對方的立場，把已經知道的事，用一種「能幫上對方的忙」的方式表達出來。

如果你能夠做到這一點，你就能在與他人溝通的時候，成為一個特別的存在了。

8 多多「引用」對方說過的話

你在閱讀本書之前，是否有和其他人說過話？你能重複一部分當時對方所說的內容嗎？

就算你無法全部記得，但我相信你大概知道對方說了什麼、想要傳達的訊息。在和他人說話的時候，你應該要全神貫注到能夠立刻複誦出來，這和你決定要說什麼內容一樣重要。

在這裡，我希望各位能特別去意識一點，那就是從對方所說的話當中，找出值得引用（直接重複對方所說的話）的關鍵字。在談話中，如果你能夠引用對方的話，就會讓對方覺得：「他覺得我說的話很重要！」、「他很重視我！」

在這邊我們假設你聽了對方的話後，做出以下反應：

● 「剛才您說到了關鍵字『提升生產力的工作方式』，誠如您所說的，我也覺得這點非常重要。為了提升生產力，我想提出……。」

● 「像您這樣有領導能力的人，每次提到『改革』，就讓我想到一個提升效率的方案，那就是……。」

● 「您剛才說：『經常都晚上九點多，累癱了才回到家。』而且又說自己對吃東西滿講究，因此我想跟您提出一個改裝廚房的方案，那就是……。」

我相信已經有很多人都會試著引述對方所說的話。但是，希望今後各位能更有意識、且更有效率的引用對方的話。

比方說像下面的例子：

● 「見到您的笑臉，就能知道您的夏威夷之旅有多開心了！」→引用對方表情給人的印象。

● 「前幾天收到您的問候信，謝謝您親筆寫的訊息。看到您如此工整的字，就能感受到您的心意。」→引用對方工整的文字給人的印象。

● 「謝謝你每次精心安排同學會。你選的餐廳無論氣氛還是食物都很棒，實在是讓人佩服你的企劃能力！」↓引用對方的細心程度。

除了語言的資訊外，也能從對方的個性、細心、待人接物的態度、做人的原則等，找到一些蛛絲馬跡，所以請積極的引用這些資訊吧。如果你過去沒有意識到這方面的話，那就表示你還沒有澈底、仔細的觀察對方的一舉一動。

想要提升自己引用的能力，就要從平時開始，關心對方一些看似沒什麼的舉動。就算對方是你不喜歡的人、不知該如何相處的人，你還是能找到一個簡單的資訊，並睿智的用一句話和對方展開交談。

最後，我有一個無論是誰，都能輕易得到引用效果的方法。那就是在對話當中，提到對方的名字。相信這個方法已經有很多人都知道了。但還是有很多商務人士沒有澈底執行。

請不要拿「因為我們經常會碰面」，或是「因為我們談話的時間很短」當作藉口，只要對方對你很重要，或者是那個場合很重要，你就要主動意識到對方的姓名並說出來。

不說「我」，別人才聽你的

如果後輩為你打開電梯門，不要只說謝謝，要提到對方的名字：「謝謝你啊，山田！」僅僅如此，就算只是小事，對方必定都能感受到你的貼心，進而感到開心。

不相互引用對方的對話，只會流於膚淺與徒勞。唯有在對話中，發現對方重視的關鍵字，並懂得活用，你才能獲得對方的認同，並得到機會來表現自己。

9 冷場時，聊聊一年內自己想挑戰的事

「興趣」這個話題，或許已經被大家視為是閒聊的代名詞了吧。

自己喜歡的事情，或擅長的領域就很容易聊下去，也可以知道一些對方的價值觀，或私底下的生活。所以也請你在與人溝通對話當中，廣泛的使用跟興趣有關的話題吧。

有很多人說起興趣，就會講個沒完。如果你對說話時間缺乏意識，你就會給人一種不貼心、只是愛講話的印象，所以聊到興趣時，也需要特別注意。

除此之外，很多人都認為，有興趣的人就是享受人生的人，所以沒有興趣的人會覺得有點沒面子。不過就算你沒有興趣，只要把問題換成喜歡做的事、放鬆時會做的事、平常生活中比較講究的事、長期持續進行的健康祕訣等，相信你也能聊得起來。

以下我就列舉一些內容：

- 「我每天都會把掛在玄關的鏡子擦得很亮，出門的時候就會覺得神清氣爽。」
- 「睡前我都會抬腿伸展一分鐘，所以身體狀況都還不錯！」
- 「我早上都會吃優格配三顆果乾，這是我健康的來源。」
- 「在車站爬樓梯的時候，我都會一次踩兩階。」
- 「我都在家裡的陽臺種菜，所以都不需要去店裡買番茄和羅勒葉！」
- 「我現在用的這把傘已經用了二十年了喔！」
- 「每隔三個月，我就會在家開一次派對，煮菜來招待親朋好友。」

在平時的生活習慣當中，也能找到每個人獨特的個性或講究的事物，其實很有趣。即使你沒有像茶道、油畫、騎馬等優雅、聽起來很高尚的興趣，也不會因此缺乏話題。

如果你真的找不到什麼有趣的話題，那我建議你可以想一想一年內想要挑戰的事，例如：

- 「我想要去上烘培教室，想學學看烤牛角麵包！」

- 「我希望一年之內體脂肪率可以減掉二％，所以我最近都在找有健身教練的健身房。」
- 「我對高爾夫很有興趣，正在考慮要不要去試上一次課程。」
- 「明年我想要一個人去西班牙旅行，所以想去學西班牙文！」

就算你還沒有開始行動，但只要你有想要挑戰的事物，都可以拿來炒熱氣氛。對方很有可能會回應你：「我很喜歡吃麵包！」、「你現在已經有在健身了嗎？」、「說不定我們以後可以一起去打高爾夫球呢！」、「如果你也喜歡吃西班牙料理，我可以介紹你一間超好吃的西班牙燉飯餐廳喔！」等，這樣就能輕鬆聊開了。

其實我自己就沒有什麼可以跟別人深聊的興趣，但是我有很多喜歡的東西、感興趣的東西、想要挑戰的事物。例如，我想去住會提供美味餐點的溫泉旅館；我喜歡看科學判案，或警探推理的國外連續劇；我喜歡去看實力歌手舉辦的演唱會；我很珍惜跟創業家見面的機會，以及他們給我帶來的刺激；我目標希望學會做二十道料理；我想要做出像飯店一樣的早餐；我喜歡以白與灰為基底的室內設計；我想學義大利文、中文、裁縫；想一個人開車去箱根泡溫泉；拿到重型機車和開船的駕照等。雖然我對每一個興趣的認真程度不太一樣，也不確定今後會不會實行，但這正是真實的我。

憑直覺說出：「啊，我或許想多了解一點！」、「我說不定真的滿喜歡的！」、「我可能會想去嘗試看看！」就算只是說不定、可能，又有什麼關係！像這樣的好奇心，正是能夠明確展示自己的方式啊。

聊興趣的話題，你不需要裝作自己很懂、很有經驗。僅僅是「我想要挑戰看看」，也能讓你看起來生氣勃勃，想必聊起天來也很有話題。今後請不要再擺出一副抱歉的表情，告訴別人說：「我沒有什麼興趣。」請抬頭挺胸，忠於自我的說出：「我最近找到一些興趣了！」

10 怎麼聊「工作」，才會變有趣？

我對別人的工作，總是很感興趣。

他的工作是什麼？他為什麼選擇了那份工作？他會想要一直做下去嗎？他的工作都在做哪些事？與其聽對方聊興趣，還不如聊聊對方為什麼選擇這份工作、對工作有什麼想法，更能了解對方的生活模式、對家庭或人生的價值觀。

不過，就算我說對工作的話題很感興趣，但並不代表只有有工作的人比較有趣、能給人帶來刺激，而沒有工作的人就不有趣。就算是專職的家庭主婦，或目前沒有在工作的人，你也可以問問他的工作觀，同樣也能得到新發現。

例如，「三十歲之前我都有兼職工作，現在就沒辦法了。」、「因為要在家帶孩子，可能還要過好幾年才能重回職場。」等，他們或許在其他地方過得很充實，或者是因為必須照顧年老的父母，目前沒辦法工作等家庭因素，而過得很辛苦。透過與這些人交談，都能讓你更了解這個世界。聽到他們談到做出這些決斷的心路歷程，能讓我重新思考很多事情，也會給予我不同的刺激。

聊到工作，就可以了解對方選擇那個職業的理由、成長經歷與人生目標等。此外，這也是個好機會，能夠聽聽影響對方很深的人或經驗，也可以更了解對方的家庭環境。其中有不少人，因為小時候曾經居住在國外，因此選擇了現在的工作，或者是曾經歷過家人的生老病死，而決定從事醫療相關的職業。

為什麼他會持續這份工作？為什麼他會轉職或者不工作？這些事情都能反映出這個人走過了什麼樣的人生。又或者一個人平時私底下看起來很溫厚，但一遇到工作上的事，就會變得野心勃勃，讓你看見儘管他想要隱藏，卻隱藏不了的一面。

我覺得對方到底有沒有在工作、是不是喜歡工作，並不是很重要，重要的是透過工作，他如何闡述自己人生的一部分。

我們在人生的某個階段裡一定都會工作，而談與工作有關的話題，就是了解對方的人生、人際關係、時間或金錢觀的最好時機。

某天，我和一位住在我家附近的五十多歲女性聊天。她告訴我自己年輕時，和現在的丈夫談了一場轟轟烈烈的愛情，二十歲就結了婚，甚至還沒踏入社會工作，就成了專職家庭主婦。這位女性辦事時，手腳很俐落，說話也很乾脆，我甚至曾猜想她以前可能當過祕書。像這樣猜想對方的過去，即使猜錯，也是在鍛鍊看人的眼光。

不僅是大人，我也曾經問過一個住在我家附近、理個平頭，看起來像棒球少年的十幾歲男孩子：「你將來想要做什麼？」他告訴我：「我想要當音樂家。」因為我只看過他參加完社團活動、穿著運動服回家的模樣，所以聽到他這麼說，就覺得好像聽到了他不為人知的野心，覺得莫名開心。

不少人會說：「聊工作一點都不有趣。」、「一直講工作的事太失禮了！」但我認為問題在於如何延伸話題。無法把工作聊得很有趣的人，有幾個共同點（這幾點尤其容易發生在男性身上），接下來就以這些共同點為基礎，來思考怎麼聊才有趣吧。

無法把工作話題聊得有趣的人的共同點：

1. 用「〇〇公司的人」的角度去看待對方，因此會把「公司」當成話題的主體。換個角度想：在對話中不要去想公司，而是只使用對方的名字。

2. 對工作諸多抱怨。換個角度想：把重點放在如何面對壓力，試著聊聊放假如何度過。

3. 對對方的工作沒興趣也不關心。換個角度想：試著問一些「想轉職嗎？」、「會常出差嗎？」等容易聊的話題。

大約十年前左右，有一位三十出頭的男性投資客，當時他的年收是日本平均年收的二十倍以上。他曾下過豪語：「Business 就是遊戲。」他很重視與家人相處的時間，也有很好的時尚品味，看起來相當有自信。於是我就試著問他對於工作的信念。

他告訴我，小時候雙親離異，經濟非常困頓，母親辛苦的拉拔他長大。從這樣辛苦的經歷中，他逐漸有了「金錢不是全部，只是在現實中必要的東西而已」的想法。同時他也說：「家人在我心中的優先順位是第一的，工作和金錢並不是最重要。」讓我了解，他並不執著於金錢，以及他對家人和時間的想法。

我也有一個工作狂朋友。我曾經問他：「你現在工作開心嗎？」他就酷酷的回我說：「工作就只是工作而已啊。」我記得那時候我被震撼到了，因為我第一次知道，原來他把工作和生活分得這麼開，實在是太帥了！

確實有很多人不太喜歡談論工作，所以這或許不是一個萬能的話題。但如果他平常就工作得很勤奮，那我相信這種人一定對自己的工作，抱持著驕傲或自信，可以試著和他們聊聊。

一個人對工作的想法，可以連結到這個人的生活、經濟能力、生活模式、優勢、國際觀，以及對社會、家族和未來的想法等。當你碰到一個工作狂，或許可以從工作的話題延伸出去，問他如何長久持續做一件事，或如何管理身體等。

如果你遇到一個女性說：「我只是一個普通的上班族，沒做什麼特別的事。」那你可以試著問：「您說您總是和同一群人工作，我想您應該有什麼祕訣能零壓力的和人共處吧！」只要試著挖掘那些每天都「普通的」在工作的人，他們背後所隱藏的功夫與努力、細心與忍耐，或許你就能找出一百個以上不普通的祕訣。

另一方面，也有不少人因為某些原因而繭居家中、無法出社會工作；身患疾病而無法就業；家中小孩太小沒辦法出去工作；或者要照護家人，無法從事自己喜歡的行業，甚至有人無論付出了多少努力，也找不到工作。

我們必須根據不同的對象，來變換話題，但是你也不需要刻意迴避，因為有些人反而會因為你刻意迴避而有壓力，甚至覺得：「其實你只要開口問我，我很願意告訴你的。」

當然，你必須先衡量一下狀況，但如果你很頑固的覺得「絕對不能聊工作的話題」，我倒是認為可以更豁達一些。在現代的社會裡，有越來越多的人像我一樣，擁有很多副業、擁有不同的頭銜。如果有人告訴你：「我平常在公司上班，可是週末在賣蛋糕。」想必一定有很多話題可以聊。

我不是說你一定要聊一堆工作，而是希望能夠利用工作這個關鍵字，去找到深入了解對方的契機，相信這也會是一種鍛鍊你如何發問的好方法。

11 碰到謙虛的人，該如何回應？

比起歐美人，我們經常都會視對象與狀況，後退一步來評價自己，進而發言。

假設你在路上被一個外國人問路，因為回答的很流暢而被對方稱讚：「你英文說得真好！」這時候滿多人都會回答：「沒有、沒有，我英文說得不是很好。」或「沒這回事，我實在不是很擅長英文……。」等，我並非不能了解這種謙虛的心態。但在與外商企業等用英文面試時，如果你說了前面那些話，那麼企業會認為：「你缺乏自信，這點令人擔憂。」

就算你不是世界第一、日本第一、公司裡面的第一，遇到有人給你很高的評價時，還是不要忘了說一聲：「感謝你的讚美！」當對方很關心你，你只要坦率的感謝就好了。如果你能接著展現出積極的態度：「今後我會更加精進自己，往更高的水準邁進！」那麼相信對方也會看到你很有上進心的一面。

有的時候你只是想要謙虛一點，卻會被人認為缺乏自信、太過謙虛很不自然等低評價。而如果你回答：「沒有啦，真的沒那麼厲害！」也會讓稱讚你的人不知道該怎麼接話才好。所以在商務場合中，要特別注意。

此外，面對謙虛的人，就是在考驗你的應對能力。例如，你的顧客正好提到家人，假設這時候他這麼說：「身為父親的我什麼也做不了，還好我的孩子很可靠。」要是你的話，你會如何回答？你會說：「您的孩子真是了不起！」嗎？

這的確是一種很有禮貌的回答，相信對方聽到了心情也會不錯，但除此之外，也不要忘了把說話者本人稱讚進去。你可以這麼說：「這一定是田中您的家教好的緣故！」、「一定是受到了父母的影響啊！」等。

同樣的，如果對方是公司社長，他說：「其實我什麼都沒做，都是因為我的員工很優秀。」而你只回答：「對啊，真的是！」那也太沒禮貌了吧。你可以這麼回答：「就是因為有像渡邊社長這樣很有魅力的領導者，所以才能聚集這麼多優秀的人啊。大家都有發揮出實力！」、「因為大家都看著渡邊社長您的模樣啊。貴公司的員工總是很有朝氣，每個都很值得信賴呢！」

我相信這個世界上有很多領導者，都很感謝自家員工，以及他們付出的努力。與此同時，領導者本身必定也經歷過許多容忍、讓步，或不為人知的淚水與悔恨。因此，當你遇到一個人讚揚他人，而對自己的功績相當謙遜，也不要忘了試想他可能經歷過的辛苦。

12 稱呼別人的名字後面，一定要加敬稱

某一天，我造訪了顧客的公司，地點在市中心一棟複合大樓裡，在同一棟大樓裡，有一間大型企業也入駐其中。

三位接待員當中，一位看似五十多歲的男性負責招待我。待我說完「我是DC&IC的吉原」後，這位接待男性不加任何頭銜、複誦一次：「吉原」並在便條紙上潦草的寫下我的名字。

從我的角度看過去，可以很清楚的看見那張便條紙。看到他在便條紙上寫下的那幾個字，讓我覺得這個人缺乏了商務人士的素養。因為這就好像在茶水間一邊休息一邊看電視購物，正巧看到了想買的東西，所以慌慌張張的寫下電話號碼一樣啊。這位男性絕非傲慢無禮之人，他的舉手投足甚至高雅到不自然。但他一邊說著「吉原」一邊草草寫下的行為，讓我似乎看到了他真實的一面。

首先，他不帶任何頭銜直呼我的名字，就讓我很不舒服。當時在櫃檯等候的人很少，是可以冷靜且有充分的時間來接待顧客。在這種情況下，我真希望他能夠意識到自己的便條紙有可能會被顧客看見，並多加注意自己寫的文字和內容。就算他寫得太快、字很潦草，如果能在名字後面加上小姐等敬稱的話，也能給人一種洗鍊的感覺。

很多人都很在意對方如何看待自己，卻很少人能夠站在對方的角度去思考對方正在想什麼、看得到什麼？

商務電話中也經常發生類似的狀況。例如，顧客打電話到餐廳或飯店預約時，店員說：「那麼我重複一遍您的名字，是佐木良子對嗎？」這時，是否有在名字後加上先生、小姐的敬稱，就會讓整體印象有很大的差別。

假設你在朋友的結婚典禮上，和一個初次見面的人交談。在簡單的自我介紹後，你們談起了工作的話題。請想像對方和你的好友在同一家公司上班。

你：「您在ＡＢＣ貿易上班啊。我朋友也在貴公司任職呢，您認識法務部的川崎小姐嗎？」

對方：「川崎？」

明明是你很親近的好朋友，但對方卻直呼她的名字，相信你不會對對方有好印象。如果是對方問你：「您認識○○小姐／先生嗎？」而你直接回答：「欸、不認識。」難免給人一種高高在上的感覺。

如果可以機靈一點的回應：「真不好意思，我跟法務部的人沒什麼接觸，所以不認識，但是您的同學在本公司上班啊，真是榮幸。」如此就能給對方一種既正面又有禮貌的印象了。儘管只是一個小地方，但若能有禮貌的回應，對方一定會為之感動，也會信任你。

一個人就算展現出多麼厲害的知識，倘若他沒辦法用心於小地方、應對方式很粗糙的話，也無法獲得他人信賴；就算一個人的表情再怎麼爽朗、招呼聲再怎麼有朝氣、西裝穿得再怎麼筆挺，對方還是能透過一些言行舉止，看出這個人的真實面。例如，對方可以看見你的便條紙，你卻寫得很不用心（這無關乎字寫得漂不漂亮）；名片夾裡面亂七八糟；說話時的用字遣詞很有禮貌，但內容都是一些廢話。

負面印象會影響長遠，只會讓你得不償失。請一邊注意自己有沒有開始閒聊起來，一邊站在對方的角度思考。說到這裡，或許有人會想：「怎麼要做這麼多事！」不過這跟汽車製造工廠的生產線不一樣，你不需要同時進行幾百個工程，還請放心。

總之就算只是寫便條紙，你也要寫得「就算讓對方看見，也不會難為情」的程度，澈底執行吧。

13 不要說：「我也是！」這樣會搶走別人的話題

我曾經擔任過某間企業內部的研習講師，那間企業的主要業務是化妝品行銷，當時我請學員進行了一對一的角色扮演。

我請一位任職十多年的A小姐，和另一位扮演顧客的B小姐配對，這位A小姐的說話方式非常和藹有禮，笑容可掬。

一開始扮演顧客的B小姐說：「其實我之前有一陣子肌膚狀況非常不好，幾乎都沒辦法用市面上的保養品。」

A小姐接著說：「這樣啊，真是辛苦您了。其實我自從出社會之後，也曾因為肌膚狀況不好而煩惱，所以我很了解你的心情。那時候我不僅去看皮膚科，也試用過朋友介紹的保養品，用盡了各式各樣的方法，還是找不到適合自己皮膚的產品，就在這個時候……。」她開始說起自己的經驗。

在聊完自己的經驗後，她又唐突道：「我們這邊有針對敏感肌膚用的乳液，讓我為您做介紹！」

在檢討交流時間，B小姐對A小姐提出了以下的建議：「您的說話方式很親切且很有禮貌，讓我很有好感。但是有一個地方讓我有點在意。在我說完自己肌膚的問題後，您就開始一直講自己的經驗。在不知道我肌膚目前的狀況下，突然推薦我產品，讓我感覺不是很好。」

我認為A小姐是想要和對方產生共鳴，這並沒有不好。但很多時候，這種做法會搶走話題的主導權。無論有沒有傾聽對方說話，一開始說「我也是！」、「跟我一樣！」、「我比你更嚴重！」的人，不管是不是為對方著想，都會給人一種自我中心的感覺，要特別注意。如果在搶走別人的話題後，又不把主導權還給對方，會讓人覺得你輕視對方，且度量狹小。

當別人在吐露一些煩惱或辛苦的事情時，就算你有同樣的經驗，都請傾聽到最後，不要去阻礙對方發言。但在過程中還是可以隨聲附和：「真是辛苦你了！」、「看不出來您曾經這麼辛苦，現在都好了嗎？」再簡短的說：「其實我過去也有相同的經歷，聽到您這麼說，我很能感同身受。」這樣就好。

根據不同狀況，就算你不表明自己曾有過同樣的經歷也沒有問題。畢竟我們必須優先考慮對方的問題，而關於自己的事，只要提供最低限度的就可以了。

如果對方主動問：「你有過同樣的經驗嗎？」那就不一樣了。但要是對方沒有問你的話，就請你認定對方沒有那個心情聽你的狀況。對方明明沒問，你卻得意洋洋的說：「我也是！」大聊自身經驗，這對對方來說，只不過是在浪費時間而已。

一個團體中，如果有人開始說：「其實我也是！」我相信其他人也會覺得很受不了吧。這種喜歡搶話的人，都會找藉口說：「我一不小心就講到自己的事了。」但我認為這種人才不是不小心，而是故意找機會在展現自我，這種人都很傲慢。

我很能理解這些人為了要鼓勵對方，而想要和對方分享自己失敗談的心情。但即使你有這種心意，也要在對方需要的前提下，才有其意義與價值。當對方正在說一些難過或辛苦的事，你就不應該插嘴，免得讓對方開始擔心你。

當然，要注意的不只是負面話題而已。如果你說：「我上個月去了一趟瑞士旅遊喔！」而對方回答：「其實我上個月也去杜拜玩了！」你會有什麼感覺？如果對方能完全不提自己的事，並立刻回答：「哇！真好，你去瑞士玩啊！」，那這個人實在是很有魅力，對吧！

簡單的說，就是要警惕自己完全不要提起自己的事，並且閉上嘴巴。如此一來，就不會說出一些多餘的話了！

14 講電話時，不要放過耳朵聽得見的資訊

經營不動產公司的顧客，曾告訴過我這麼一件事。

那時我詢問他，在僱用有工作經驗的業務時，會要求對方應該具備哪些技能。那時他告訴我，其中一項要求就是要很勤奮。

美國的社會心理學家羅伯特．札瓊克（Robert Zajonc）所提倡的「單純曝光效應」（Mere Exposure Effect），意思是藉由反覆接觸，來提升對方的好感與印象。

希望提升閒聊能力的人們當中，有很多人都覺得會拉業務，就代表很會說話、很會傾聽，但你如果不先去和對方接觸，就什麼都不會開始。

回顧我自己的過去，在二十多歲時，我曾為了要找一個人住的房子，而去找了不動產公司的業務。在實際看過房子之後，我告訴那位業務，想要再看其他條件相同的房子後才能決定。在我這麼說之後，隔了一個星期，對方才又再跟我聯絡。我把這個

經歷，告訴了前面那位不動產公司經營者，他告訴我：「我們公司裡，絕對不會有這種應對方式。」

在他的公司，只要顧客有提問或聯絡，他們就一定會在二十四小時之內聯繫。如果員工沒辦法做到這一點，那就不可能通過審查。他們公司要求的人才，是一個要很勤奮維持顧客關係的人，並有明確意識與行動力。

當我和一個創立超過兩百年以上的海外金融企業的董事聊天時，他也曾提到，為了要創造企業的利益，銷售團隊就要有相對的行動力。這讓我明白，他們都相當重視「為了要達到結果，就必須澈底與顧客溝通」。

在這邊我想要強調一下，前面提到的單純曝光效應，不一定對任何人都有效。有時候你覺得應該可行，並試著去接觸，但隨著次數增加，也有可能會招來對方反感，所以每次都要觀察對方的態度和情緒後再行動。儘管我們這裡說要成為一個勤奮的人，但我也不建議你盲目的一直去和對方聯繫。例如，如果你要和一個家庭主婦聯絡，那麼你就要想到，如果傍晚六、七點打電話給她，她可能會因為忙著做晚餐而無法接聽；面對上班族的顧客，就算你很想要和他確認契約內容，也要盡量避免早上九點過後打電話給他，因為這時他可能已經開始上班了。

除此之外，打電話給顧客時，假設你聽到另一端有風聲，可能對方這時是在戶外，如果你可以注意到對方或許是在寒冷的室外接電話，就能在一開始跟他確認現在方不方便講電話；如果對方用竊竊私語的方式接起電話，你就要想到，對方現在可能不方便講電話；如果這個人平常很有禮貌，但接起電話時語氣突然變得很冷淡，那你就要猜到，對方現在或許和別人在一起，並立刻問他是否稍後再重新打給他比較好。

約定下一次聯絡時，最好也像這樣：「明天早上十一點左右，希望能得到您的回覆。」、「下星期三之前我會再撥電話給您！」提出具體期限。對對方來說，知道期限，心裡有個底，就不必毫無頭緒的一直等待。

在日常生活中，除了意識對方所說的話語之外，也要意識到電話那一頭的聲音，這樣我們才能提升正確捕捉對方資訊的速度。期許你能被對方認為是一個很勤奮的人，積極的與對方連繫，並在對話中敏銳的去接收各種聲音，這麼一來，相信對方也會逐漸感受到你的心意。

15 伴手禮是開啟話題的最好媒介

當我還是小學生，每次要去附近朋友家玩的時候，媽媽總是會塞一些糖果、餅乾或果汁：「順便把這個帶過去！」

儘管只是一包超市都買得到的仙貝，但大部分的時候，朋友的媽媽都會說：「哎呀，小珠真是謝謝啦！還帶餅乾過來！」讓我聽了也很開心。雖然我當時還是小孩子，但那一句「謝謝」，或許就能讓我站在更平等的位置上，放心去朋友家玩吧。

回到家後，我也很喜歡聽到媽媽用那臺黑色電話，和朋友的媽媽互道謝謝，並開心的聊著天。透過這樣的經驗，我發現伴手禮不光能讓溝通更順利，也是一個能讓雙方都更愉悅的媒介。

一般商務場合中，伴手禮相當花成本，因此有些公司會禁止送禮或收禮。此外，在準備伴手禮時，會有不同的規則去決定金額或禮品，也必須考慮到和對方的關係或立場等，因此需要一些細膩的心思。

對收禮的一方而言，或許有時候也會覺得：「總是收到對方的東西，真不好意思。」我想要告訴各位的是，並不是只有這種要花成本的東西，才算是伴手禮。

當然，我也認為挑選符合對方喜好、稀有的伴手禮或高級禮物，是溝通的一個環節，有時候也是必要的開銷。但在工作場合中，何不送上對對方而言，有價值的資訊來當作伴手禮呢？經常有一些老業務，會教育自己的部屬要不厭其煩的去拜訪顧客，這種做法也是滿有道理的。

在上一章節裡，我們也提到了美國的社會心理學家羅伯特．札瓊克提倡的單純曝光效應，這個方法就是藉由反覆與人接觸，來提升對方的好感與印象。因此我們可以說，只要增加接觸機會，就更有機會得到對方信賴。

如果你兩手空空，沒有帶來任何會讓顧客開心的伴手禮就說：「您好，最近過得好嗎？」接著閒聊，我相信大多數忙碌的社會人士都會很困擾吧。

和我公司有商業往來的業務員H先生，在造訪敝公司時曾這麼說：「之前吉原小姐您曾經提到很在意保養品的精華成分，我在那之後做了一些調查，今天把資料帶過來了。我也問了我們公司的研究員，如果使用這個成分的話，會有這些優點，不過也有一些缺點……。」H先生能留意我過去說過的話，並且經常把很有用的資訊當作「伴手禮」帶過來。

假設你從事的是服務業，而顧客在跟你聊他推薦的法國電影。這時，你就可以實際去看一下那部電影，或者可以在網路上查一下電影大綱。這麼一來，你下一次就可以回應顧客：「我去看了您上次說的那部電影，真是一部後勁很強的名作，讓我不禁沉浸在浪漫的氣氛當中。謝謝您告訴我！」對方聽到你這麼說，想必會很高興。

這裡所說的伴手禮，指的是以對方發出的某些訊息為契機，你自己去準備後，實際有所作為的事物。讓我再說一次，你為了對方所準備的伴手禮，能讓雙方的關係更對等，也能讓對方更加信任你。

如果你只是被動的詢問：「最近過得好嗎？」然後認為只要聽對方講話就好了的話，你只不過是一個不想準備伴手禮、不想付出勞力的懶惰之人罷了。

這個世界上，以銷售維生的人們，難道不應該戒除閒聊或只會傾聽的習慣與觀念，找出真正有價值的伴手禮嗎？若能進一步付諸行動，相信就能帶來成效與提升業績，我認為對整個國家的經濟都有良好的影響。

請各位立刻為下一次的工作與會面準備伴手禮吧！

16 我從《神探可倫坡》學到的對話練習

我很喜歡看外國影集和電影，尤其是法律或刑事相關的劇情，這些劇情內容都很寫實（當然為了節目效果，有些部分會較為誇大），而且他們會尋找科學證據，並有邏輯的解決問題，我對這種辦案方式非常有共鳴，每次看完後都會覺得很爽快。

小的時候，我受到母親的影響，開始收看《神探可倫坡》（*Columbo*），或許這就是一個契機吧。相信不少人都知道這部推理劇《神探可倫坡》，它是一部美國的電視電影，於一九六八年開播以來，在日本廣受歡迎。

洛杉磯市的重案組可倫坡刑警在每一集中，都會試圖從完美犯罪的犯人所留下的蛛絲馬跡，將犯人逮捕歸案。彼得．福克（Peter Falk）所飾演的可倫坡刑警，總是穿著破舊的風衣，頂著一頭亂髮，一手不是拿著雪茄，就是拿著一杯咖啡。他那豪爽的個性和不起眼的外貌，總是會讓嫌疑犯掉以輕心，打破人的心防。他在劇中總是會對嫌疑犯說：「我老婆啊……。」談起和事件毫不相關的、關於自家老婆的事情。

比方說，有一集的殺人犯是一個女明星，當可倫波刑警抵達那位女明星家，也就是案發現場時，他就把事件放在一旁，開始說：「我老婆是妳的粉絲耶！我現在就要打電話給我老婆，妳可以借我電話嗎？」並興奮的向家裡打電話。

毋庸置疑，這些話都只是閒聊。但犯人因為被吹捧了一番，顯得相當滿足。像他這種閒聊，都有個共同點，那就是不忘表現出對對方的敬意與共鳴。

可倫坡刑警經常會把「我是你的粉絲！」、「妳的丈夫突然過世，想必妳一定很難過吧。」掛在嘴上。這些閒聊，能讓對方卸下警戒心，在溝通上也算是一個相當重要的手法。

他讓犯人覺得，自己是在案發現場還會打電話給老婆的脫線人物、愛追星又愛耍嘴皮子的刑警，看似沒有在關注事件，卻會對可疑之處追根究柢。對方（犯人）會因此而大意，完全沒料到這個糊塗刑警會看穿真相，一方面不喜歡這個人，卻又不自覺對他放鬆警戒。

閒聊裡也包含無聊的話，但如果是像可倫坡刑警一樣，目的是藉此了解對方或挖掘資訊的話，那就是一項非常有意義的武器了。也就是說，對話是否有目標，決定了是廢話，還是有意義的對話。

那麼現實中的商務場合又如何？談生意並不像觀眾在看電視節目一樣，在看完的三十分鐘，甚至一個小時之後，才回過頭來發現：「啊！所以他那個時候才會這麼悠哉的說一些無關緊要的話啊！」雖然刑警的立場和我們不同，但都有一個共同點，那就是要發覺對方的真實心意。

假設你感冒了，一位醫師向你說明：「感冒一般是上呼吸道感染，並沒有什麼治療方法，只能緩和症狀，我幫你開一些有效的藥。」而另一位醫師這麼說：「田中先生你感冒了，因為你有喉嚨痛和咳嗽的症狀，我幫你開一些減緩疼痛的藥，跟能夠止痰、止咳的藥吧。回家之後要記得經常漱口和洗手，還要充分休息喔。」前者的說明，與其說是針對患者的症狀，不如說他只是做出了「一般的」見解。相信你也看的出來，後者說的則是「特別針對眼前這位患者」的見解。

如果可倫坡刑警是醫師的話，你覺得他會怎麼說？

「啊，田中先生你感冒了呢。怎麼跟我老婆的症狀一樣呢！我最近一直看著她痛苦的模樣，所以很了解你的感受啊。想必你晚上也睡不好吧。哎呀，真是辛苦。因為我家老婆一直咳嗽，害我晚上也睡不好。

「為了讓你和家人今天都能睡得好一點，我開點喉嚨止痛藥，跟止咳化痰的藥給你吧，今晚要好好休息喔。」他大概會這麼說吧。

雖然其中有一些多餘的話，卻很細心，又有說服力，因為他的話裡包含了理解對方的心意。除此之外，相信你也注意到了，在話語中刻意提到對方的名字，也相當有效果。

可倫坡刑警總是能在對話中，讓人感受到他的溫暖及觀察力，我也希望自己能成為像他這樣的人。

17 十秒內結束的親切招呼三步驟

當你和對方見到面後，如果什麼都沒做就度過最初的十秒，那實在是太可惜了！接下來就讓我向各位仔細介紹，這套能在十秒內結束的打招呼三步驟。這套方法非常簡單，讓你能充滿自信與對方溝通，並且帶著爽朗而沉穩的氣息，甚至能讓對方對你感到更親近！

見面的十秒鐘、打招呼三步驟：

1. 搶先一步叫出對方的名字，語尾拉長一秒鐘，語氣明快爽朗：「啊！田中先生，好久不見了！」、「哇！小林先生，你好嗎？」、「鈴木小姐，最近過得好嗎？」、「裕子小姐，辛苦啦！」

2. 搶先一步說出正面的言論：「您還是老樣子，看起來真硬朗！」、「聽說您很忙碌，似乎很活躍呢！」、「您比之前氣勢更豪邁啦！」、「真是太榮幸見到您了！」、「上星期的聚餐，真是太開心了！」

3. 搶先一步，詢問對方在意的事物：「您今天還要去別的地方嗎？」、「連假出遊玩得開心嗎？」、「您家孩子的入學典禮還好嗎？」、「之前的感冒有沒有好點了呢？」

我經常看到很多人在打招呼時，都不叫對方的名字，直接說：「你好！」、「好久不見。」在用這三個打招呼步驟時，如果你能面帶微笑，用有自信、稍微大聲一點的音量說出來的話，效果會更好。但如果你用很尖銳的聲音，反而會讓人覺得你很輕浮，所以要適度調整。

接下來我就要針對各項來做說明：

步驟一，「○○先生／小姐」，可以向對方表示出一種親近感。如果不稱呼對方的姓名，有可能會給對方一種比較生硬的印象。

光是加上對方的名字，並把語尾拉長一秒鐘，就會讓你給人的印象變得柔和又開朗。此外，在句首加上「哇！」、「哎呀！」等開心的感嘆詞，會更有效果。

在步驟二時，請務必說出能讓對方露出笑容的一句話。就算是比較難取悅的人，只要聽到你用開朗的語調說出：「怎麼這麼巧碰到你，真是開心！」他也會感受到你的心情。

如果你有什麼事要向對方道謝的話，要優先道謝。如果你能加上一句感想，「之前您去北海道旅行帶給我的干貝真是太好吃了，我們全家都搶著吃呢！真的很謝謝您！」會讓對方覺得你很有禮貌。

步驟三，為了要給對方一種，「我一直都很在乎您」的印象，你可以回想起上一次和對方的談話，或是和對方有關的資訊，選擇一些具體的問題。重點是要讓對方覺得：「哇，沒想到你連這種事都記得！」

但是，你也應該避免一些本人可能根本不想回想起來的事，像：「之前您的手機不見了，真的很遺憾啊。不知道您習慣新手機了嗎？」、「之前見到您的時候，記得您因為車子撞到車庫，所以很沮喪，您的車現在修好了嗎？」、「上次你好像被主管罵了一頓心情很不好，之後有好一點嗎？」

你不一定要讓對方知道你很關心他，因此勉強去找一些對方根本不願意回想起來的事。我認為只要能實踐見面的十秒鐘、打招呼三步驟，創造出令人愉快的氣氛，那麼自然而然就會出現話題。

為了達到這個效果，在說話時，你要看著對方的眼睛（眼神不能游移、看東看西，表現出慌張的樣子。但也不要長時間直視對方的眼睛，而是要一邊點頭、一邊調整視線），並且表情要豐富，兩人的距離，我建議可以拉近到伸直手腕就會碰觸到對方的距離。

如果你不敢拉近距離，而站得有點遠，反而會讓人緊張；如果因為和對方的距離太近，讓對方感到壓迫的話，你可以一邊笑著說：「不好意思我太開心了，不小心靠得太近！」來自嘲解圍。

所謂的對話，並不光只靠說話和傾聽，在打招呼時，如何稱呼對方、是否能搶先一步說出貼心問候、說話時的語氣、表情、站的位置等因素都很重要。在初次見面的十秒鐘內，若能創造良好的對話環境，那麼之後與對方談話的方向與舒適程度也會有所改變。

讓我們努力變成初次見面十秒鐘，就能給對方一種「見到他真好」的人吧。就算你腦海裡沒有一百個冷知識，就算你不是很會聊天也不用擔心！無論是誰，只要按照打招呼三步驟來展開話題，就可以輕鬆對話。

如果你以前一見到他人，就覺得要想辦法持續對話，而繃緊了神經，或因為沒自信創造話題，那麼下次請試著叫出對方的名字吧。「哎呀！田中先生！」請好好品味那一瞬間，並試著開心的呼喚對方（不需要勉強裝作很開心的樣子）。另外，我也建議你活用手機的錄影功能，一面自拍，一面研究一下自己給人的印象。

看到這裡，快立刻去實踐看看吧！

18 昨天，有人因為你的一句話感到開心嗎？

回想一下，在昨天遇到的所有人當中，你是否有說什麼話，讓任何一個人開心？

例如，你去便利商店買東西時，店員對你展現了非常燦爛的笑容，你就可以試著對他說：「你的笑容真溫暖！」或者是搭計程車時，計程車司機既親切又有禮貌，你就可以在下車時向他道謝：「謝謝你這麼親切！」

如果你想要提升自己的溝通技巧、想要獲得更多人的信賴、想要做出有說服力的提案或匯報，請試著養成用話語讓不認識的人開心的習慣。我的理由很單純，如果你有更多讓對方開心的經驗，那麼你也會對自己的表達能力更有自信。這些開心的心情，都會成為你的原動力，激發你去提升溝通技巧。

若你想要加深和對方的關係，學會讓自己說的話更有說服力、更能帶來實際效益，那麼請一定要主動對對方說一些正面、積極的話。要是你覺得：「拜託，這樣太難為情了！」而什麼都不做的話，就什麼都無法改變！

聽到要稱讚對方，讓對方開心，或許會讓你覺得難度很高，但只要想成是增加對方說出「謝謝」的情況，那就簡單多了。我自己除非是真的有所感，才會稱讚對方，但我還是經常警惕自己，對於初次見面的人，要傳達出：「你的〇〇真的好厲害！」

不久前，我去超市買東西，結帳時，那位店員小姐用流水一般的速度，把我塞滿一整個購物籃的食物，整齊的裝進購物袋中，那時候我就對她說：「才一轉眼的時間，妳就把東西放得那麼整齊，實在是太厲害了！真是謝謝妳！」她也露出靦腆的笑容說：「謝謝您這樣稱讚我，我很開心！」

又有一次，我向大樓的警衛問路。他既親切又詳細的為我指路，我向他道謝：「你真親切。謝謝你講得那麼清楚，真是幫了我一個大忙！」而他也回以笑容道：「能幫上忙是我的榮幸。」

如果能開口說出讓對方開心的話語，就可以在不經意間，讓彼此都展露笑容，同時，你也能輕鬆成為讓人容易親近的人。

我們生活在一個人人都可能活到一百歲的時代裡。前面我也提過，為了要度過漫長而幸福的人生，其中一個條件就是，無論在哪個年代，無論在什麼樣的場合裡，都要能主動的去創造一些合得來的夥伴。如果你可以率先行動，試著讓對方感到愉快，就能獲得他人信任，朋友也會願意聚集在你身邊。

若你還是覺得，跟店員講話太羞恥了做不到，那麼就先從你進到店裡，聽到店員說「歡迎光臨」時，回應一句「你好」做起吧。結完帳後，當店員對你說「謝謝光臨」時，也請用開朗的聲音，說出一句：「謝謝！」

若你想要改變自己，請務必從日常生活中做起。

說到這裡，我最近發現有些店員雖然會大聲的說歡迎光臨、謝謝光臨，眼睛卻不會看著顧客。我在離開店家時，都會看著店員，也會道謝，但很多店員都不會看我，有的人甚至也不道謝，讓我非常驚訝。遇到這種店家，就算他們的商品再好，我也不會在自己的社群媒體上推薦，要推薦給朋友的時候，我也會再三考慮。

畢竟我們的金錢和時間都是有限的。

在這個世界上，只有有價值的東西才會被選上。千萬不要忘記，我們也是站在「被選擇」的位置，所以要以成熟的態度，盡力做到最基本的訴求。讓他人心情愉悅，並隨時對此有所意識，已經是這個社會上不可或缺、每個人都需要有的技能了。

19 不要在郵件中使用「總是受您關照」

如果你已經出社會了，那麼相信在各種商業書信當中，肯定都曾經看過、或者是親身用過這句話吧：「受您照顧了！」、「總是受您關照。」有些人明明沒有和我見過面，之前也沒有往來，卻還是會寫：「受您照顧了。」每次看到這種郵件，我內心都會非常失望。這讓我覺得，他們在寫信的時候，抱著一種「反正」、「總之」的心情就寫下了那些句子，完全無法讓人感受到寫信的人，做了什麼努力或下了什麼功夫，試圖要與對方拉近距離。

明明是初次收到的郵件，卻寫著「受您關照了」，這讓我想這麼回他：「我和你根本還沒有任何關係耶！」不光是這句「受您關照了」，有些人在交談時，會適時的附和「嗯」、「是喔」，但他對對方說的話，不做出任何反應，也不會提問。

如果你以為只要有附和，就不算失禮，那可要注意了。

若有個人告訴你：「對了，前幾天啊，我遇到了以前公司的主管耶！都二十多年沒見啦！而且還是在整骨院喔！然後那位主管啊，他現在在研究所進修呢！沒想到他還這麼活躍，真是令人太開心了！」你會做出什麼反應？

這裡有兩個需要注意的地方：

1. 朋友對於碰到過去的主管，做出了正面的反應。
2. 朋友為什麼會去整骨院。

請不要用「喔」、「是喔」，就結束話題，最好要結合第一點與第二點做出反應：「哇，竟然可以巧遇，你一定很開心吧！你的主管好像很有活力呢！不過你怎麼會去整骨院呀？怎麼了？身體還好嗎？」

你可以在一邊說「哎呀」、「是嗎」的時候，一邊在腦中思考，要做出什麼樣的反應，才能讓對方知道你很重視他。

當看到這句「總是受您關照了」時，若有一些具體內容，例如究竟是什麼事關照了對方，或被對方關照，那麼腦中自然就會浮現出更適合的語句。像這樣：「正值旺季，整個系統卻出了問題，不過小林先生您還是很迅速的幫我們解決，真的非常感謝您！」對方究竟是什麼時候、做了什麼、如何為你付出勞力，你就要對此表達感謝。

無論是誰，只要感受到：「沒想到你連這種事都記得！」就一定會打從心底感到開心的。

20 重點不是聽，而是你的反應

在這個世界上，有些人非常善於傾聽。

此外，近年來有很多社會人士，對仔細聽對方說話，有著高度意識，所以我認為整個社會對「善於傾聽」的標準都有提升。

另一方面，也有很多人只是裝作擅長傾聽的樣子而已。這種裝作擅長傾聽的人，雖然都會用沉穩的表情，一邊聽一邊點頭，但其實他做出來的反應都很膚淺。這裡所指的反應，並不是要你給出很具體的建議，或者要說出會讓對方尊敬你的名言，所以請別擔心。

反應指得是「三感」，也就是基於「感謝、感激、感動」所做出的言行舉止，其軸心包含同理心與尊敬等心理。關於三感，我曾在另外一本著作《成為那個「還想要再見到的人」的三十八個法則》內有詳細說明，有興趣的人請務必一讀。

簡單舉例來說，就像以下例子：

在美髮院的對話：

○：善於反應的人。

×：裝作擅長傾聽的人。

美髮師：「最近工作很忙嗎？」

顧客：「對啊，上星期不但出差還連續加班，工作量很大。」

○美髮師：「又出差又加班，實在好辛苦啊（同理）。您這麼忙，還抽空來弄頭髮，真是太開心了，讓我感覺到渡邊小姐您對頭髮有著很高的意識呢（尊敬）！」

×美髮師：「喔！真的嗎？」（在這裡結束對話）。

顧客：「唉唷，沒有啦，只是把頭髮剪一剪，這樣心情會比較好啊！」

○美髮師：「對啊！剪頭髮可以轉換心情呢（同理）。渡邊小姐您這麼忙，時間很寶貴，我得加快動作，才不會耽誤到您（尊敬）。這段時間還請您盡量放鬆喔。」

預約餐廳座位的電話：

顧客：「今天五號，晚上七點開始的晚餐套餐，我想要訂五、六個人的位子，因為是送別會，如果有包廂的話，希望可以訂包廂。」

○接待員：「好的，是今天五號沒有錯嗎（同理）？感謝您選擇本店來舉辦這麼重要的送別會（尊敬），在這邊先幫您查詢，請稍待一下。」

×接待員：「好的，六位的包廂，請稍等。」

與汽車業務的對話：

顧客：（自家的小孩在摸放在洽談桌上的宣傳冊子）「好了，安靜一點！」

○負責業務員：「你很喜歡這個本子嗎？哇，你喜歡什麼車子？來，我送你一本這個。」

×負責業務員：「……。」（臉上擠出笑容，但毫無反應）。

畢竟不用思考，相信大家都可以成為裝作擅長傾聽的人，但很遺憾的是，這種人無法讓人感受到熱情與魅力。最終，對方就會知道，你對他一點興趣都沒有。

或許有人會想反駁我：「不，我有試著努力啦，只是很難表現出來嘛！」就算是這樣好了，比起你努力表現出來，更重要的是，是否能將心意傳達給對方。當你在聽對方說話的時候，如果能想著讓對方開心並回應，對話自然就能有來有往。

過去我曾觀察過一位在英文會話教室工作的女性，她的工作內容包羅萬象，從櫃檯到事務，都是她的工作範圍。

一打開教室的門，她總是以笑容和開朗的聲音歡迎我。除此之外，她和其他學員與外籍老師們，也都能聊得很愉快。她擁有非常優秀的溝通技能，待人親切友好，工作手法相當俐落，卻給人一種很溫和的印象。

她從不吝惜用語言和態度，來表達自己的細心與親切，是一位任誰都會想再見到她的女性。相信有無數的人，都因為她的協助而感動，進而加入了英語會話教室。至少在我身邊就有五個人都是這樣。

過去我也曾在小孩的才藝班上，認識了另一位擔任櫃檯與事務工作的女性。這位女性雖然個性不錯，但無論對大人還是小孩，她都不太展現笑容，也不會做出貼心舉動，在我看來是滿吃虧的個性。

實際上，就算我有問題要問她，或者有事情想請她幫忙，她也不會讓人感受到

「讓我們來想想辦法解決吧」的氛圍，到頭來都是一句「那個沒辦法。」、「這種事做不到。」

這讓我很難向朋友介紹這間才藝班。再怎麼說，她就像才藝班的門面，一旦報名了之後，如果有什麼問題，都必須找她幫忙。如果位居如此重要職位的人，是個假裝擅長傾聽的人，那麼企業就會背負莫大的損害。

面對這樣的人，或許有人會說：「人的個性百百種，遇到這種也是沒辦法啊。」如果是私底下、志工活動，那這種想法或許還說得過去。但如果是工作的話，就必須下點功夫，努力成為一個擅長反應的人。

請用「之前沒有幫上忙，真是抱歉。不知道之後怎麼樣了呢？」、「之前還好嗎？」等與對方相關的話語，來表現對對方的關心吧。

如果這個社會上充滿了擅長反應的人，相信我們每天都能過得很愉快。一想到這，就會覺得很開心呢。

21 機會不會降臨在一直滑手機的人身上

當我離開任職約四年的航空公司後，到英國的語言學校短期留學，接著回到日本重新開始找工作。

那時大約二十歲後半的我，無法決定究竟是要找第二份正職工作，還是要成為契約社員，而且也還沒決定到底要進入哪一種行業。在這段期間裡，為了生活我還是必須工作，因此就去了朋友介紹的一次性打工。

那份打工，是在東京都心大飯店裡舉行的企業活動，擔任櫃檯招待員。這個活動聚集了上市公司、醫師、來自海內外的企業理事等，要成為活動員工的條件，就是要有商務或招待員的經驗，且每次的活動，都是由不同面孔的員工組成。在結束布置活動場地，到正式開始前，我們這些員工會有一段短暫的時間，在一旁待機。

我永遠都不會忘記在這段時間裡，其他同事所採取的行動。

其實那些工作，都可以交給飯店的工作人員，但是有人會檢查整個會場、確認椅子的擺設、地上有沒有髒東西，也有人會再次整理櫃檯，讓檯面上看起來更整齊，有人會檢查簽到處的筆與本子的擺放，有人會確認活動主辦方準備的資料，有些人會互相確認髮型與服裝儀容。

完全沒有人站著不動。每個人都主動去找工作，完全不需要別人說。我還記得當時一股緊張感充滿了我全身。這股緊張感的來源是「如果有這麼細心的人在的話，我看我找工作要很辛苦了」。

除此之外，看到他們對工作如此徹底付出，而我能和這樣的人一起工作，這份寶貴的經驗也讓我非常開心。在那次活動中認識的同事們，據說在日後也順利找到了理想的工作，我聽到這個消息後一點都不意外。

在活動當時，完全沒有人在閒聊或講悄悄話。雖然這在工作場合上似乎是理所當然，但問題就是，有很多人在工作場合上都無法做到這件理所當然的事。

前一陣子，我為了要和顧客談生意，到了他們公司所在的商業大樓。這棟大樓裡有許多企業進駐，所以有很多來訪者都會坐在一樓櫃檯的長椅上等待。其中也有幾位看似是來參加企業說明會的學生。

這時候，我的注意力落在一位男學生身上。他駝著背，面無表情的盯著手機。而且他坐的長椅明明可以坐四個人，他卻坐在中間的位子，並把自己的行李放在其他位子上。這麼一來，他就占了好幾個人的位置。

但他似乎絲毫沒有自覺。要看手機是個人的自由，但在一個有可能決定錄取他的企業的櫃檯旁，他卻完全不顧自己或周遭的狀況，讓我覺得非常遺憾。比起要不要跟這個人一起工作、要不要把工作委託給他的這種想法，我的心裡更覺得不安，想要問一句：「這個人真的沒問題嗎？」畢竟他穿了一身深藍色的西裝，第一印象看起來很有精神，真希望他的行為也能和他給人的印象一致啊。

如果是像這位學生，你就要有自覺，自己要坐在長椅的什麼位置、要擺出什麼姿態或表情，才能讓人感到有自信。

首先，若能以良好的姿勢坐在長椅上，人的視線也會跟著改變，接著就會注意到其他學生西裝或鞋子上的髒汙，此時是一個反觀自己的大好機會。手機上的資訊或許很重要，但是我希望這種人可以想像一下，一直盯著手機畫面看的模樣，在其他人的眼裡會是什麼樣子。

在重要場合，若你能關注周遭的人與狀況，注意傾聽，就能獲得只有在現場才能知道的資訊，如果因此而冷靜下來，那不就賺到了嗎？不需要任何人下指令，就能知道自己該做什麼、主動行動，就能主動招來好的人與機會。

有一次，一個顧客跟我說，他和另一個公司的員工初次見面時，對方一邊緊盯著自己的手機遊戲「精靈寶可夢 GO」，一邊參加會議，聽到這件事我都驚呆了。太集中於手機畫面，會讓自己的評價一落千丈，也會失去對方對你的信賴，實在不可不謹慎。

22 提供溫暖與感動，人工智能很難辦到

只要五秒鐘，就能充分理解，是否能與這個人愉快交談。

在這裡，我舉個宅配送包裹來家裡的例子。

最近我家六歲的女兒，很喜歡幫忙大人做事。一聽到有宅配送來，她就搶著說：「我要去！」並跑到門口在簽收條上簽名。

這時候，有些比較面熟的宅配員會對孩子說：「哇！謝謝妳！」、「妳會幫媽媽的忙啊，好棒喔！」一句話就能增加女兒的自信心，讓她每次看起來都很開心。而我們這些當大人的，對宅配員都會說聲：「謝謝！」這雖然是該有的禮貌，但這樣的對話中，也包含了小小的感動。

當然，宅配員不一定都會像前述那樣和女兒交談，而且就算不交談，我也確實有收到包裹，對我而言不會造成任何問題。不過，如果你能憑著當下狀況，自然表達出

心裡話，那你就會更有魅力。

近幾年來，人工智能已逐漸取代真人工作。今後，我們能想像有更多的企業，會為了提升效率、降低人力成本而使用人工智能。

不只是人工智能，有許多高技術、高意願的海外人才隨之增加，我們這些勞工必須更嚴肅去看待，自身能對企業帶來什麼好處。我認為，在短短幾句溝通中，就能感動顧客的人才，就會擁有「僱用優勢」，而這種優勢也會影響企業是否願意僱用你。

在這種情況下，前面所提到的感動人心的人，就會成為社會的標準。就像前面我所提的，宅配員的一句話，乍看之下只是一件小事，但小事累積起來，就會成為取得新工作、加薪升官時，一個強而有力的武器。或許有讀者會想：「咦，宅配員的應對真的有這麼重要嗎？」如果你這麼想，我希望你能對「經濟結構，其實是由人類情感所組成」的這個概念，有更深的認識。

我們每一秒鐘的情感，都會做出「因為我很喜歡這個店員，下次還要再去消費。」、「那個店員真沒禮貌，下次我不要去了。」等判斷。就算沒有被僱用，只要擁有感動人心的技巧，你就能獲得他人幫助，或是在創業、必須獲得各方資訊時，這個技巧也能夠派上用場。除此之外，各位企業領導人也必須有判斷力，評鑑僱用的人是否有感動人心的能力，能夠鞏固顧客之間的關係，並對企業形象與信賴能有所貢獻。

我還有另一個例子。我私底下有固定委託汽車檢查與修理的修車公司。這個公司的社長總是嚴守時間，也很親切又細心。當我說：「我先生出差不在家，我會把車開出車庫，再麻煩您明天來取車。」他便會對我說：「您先生這次去哪裡出差呢？他總是這麼忙碌，太太您辛苦了！」對出差這個詞做出反應並慰問，絕非什麼特別的事，也並不困難，但我總是備感親切。然而，這個世界上卻有很多人，對對方說的話總是毫無反應。

這種讓人會讓他人感受不到「想跟對方溝通」的意願，而且也只會讓對話留下很無趣的印象。無論是什麼樣的工作，「不出錯」、「拿出成績」是理所當然的。但在這之上，我覺得很少人能針對對方的言行舉止，做出令人感到「真開心」、「好溫暖」等感動人心的應對。

如果你在這點上也還做得不夠好，我建議你可以立刻試著做做看，這樣就能拉大你和其他人的差距了。光是做到其他人做不到的「理所當然的事」，就能讓我們在這個商業社會中，自由選擇和他人競爭的舞臺了。

23 看資料講話，說服力會降低

我們經常有機會在新聞上看到各式各樣的人發言，例如國會直播政治家接受質詢、上市企業發表使用了新技術的產品、企業合併時董事的演講等。

這時候，從國際社會的觀點來看，我都會有一種失望和危機感，覺得「日本的商務人士還需要再加把勁啊！」因為無論是開頭的打招呼，還是說一句道歉的話，都能看到他們的目光落在手裡的資料。

假設我在研討會一開始，就對著來參加的學員，一邊臉朝下看著資料，一邊說：「大家好，我是形象顧問吉原。今天非常感謝各位在百忙之中，抽空來參加這次的『商務人士簡報講座』。」這些話絕對可以全部記起來，但在陳述這大約八秒鐘的自我介紹與謝辭時，完全不看大家的眼睛，以一個在國際社會上想要感動人心的演說者而言，甚至以一個社會人士來說，都是非常沒有禮貌的行為。

「能見到您真是榮幸！非常感謝！」這些內容根本沒有必要讀稿。如果你心裡想：「什麼國際社會嘛，說得太誇張了吧！」那麼請你稍微想像一下，去國外旅行要入境時，每個人都必須接受入境審查，或者想像是你工作的公司裡，來了一位外籍主管或新進員工，甚至是你的顧客當中可能有外國人。

除此之外，二〇二〇年的東京奧運（按：因新冠肺炎，已延期舉辦）很有可能有大量外國人入境觀光，儘管會有地區差異，但在我們的生活中，能接觸到外國人的機會不斷增加，所以誰都不能說「國際社會跟自己沒關係」這種話。

假設你三十多歲，自從你懂事以來，一定經常碰到很多必須說出自己的名字，或是聽到別人叫自己名字的時候。

我們粗略的估算一下，從三歲到十八歲，在學校或家裡，如果一天有五次的話，那這期間就有兩萬九千兩百次；從十九歲到三十歲，就算一天減少到三次，那麼也有一萬三千一百四十次。如此一來，你到三十歲為止，聽到自己的名字次數約有四萬兩千三百四十次了，再加上自我介紹，想必你的名字已經刻進你的身與心了吧。

身為一個社會人士，難道有人會不記得自己的名字，還需要看資料的嗎？你在介紹自己時，總不會犯下這種錯誤吧：「我叫山田敬……啊、對不起，是山田健一。」

每個人都可以有自信的說出自己的名字，那為什麼還是很多人會低頭看資料？而且為什麼手上總是習慣拿著資料？我對這些問題非常感興趣。

在眾人面前說話的時候，或多或少都一定會緊張。我自己也是，就算我已經擔任十七年以上的講師了，每一次還是會感到緊張和壓力，但是我發現，如果你不看著對方說話，反而會更緊張。

正因為你一直看著下方說話，無法得知對方的反應，這跟遮住眼睛騎自行車一樣。唯有張開眼睛，才能清楚看到前方、風景，也能和擦身而過的人打招呼、避開障礙物，愉快的抵達目的地。這和在眾人面前做簡報、演講是一樣的，要看著對方，才能以比較放鬆（安心）的心理說話。

別緊盯手上資料，要緊盯對方雙眼

說到這裡，前一陣子，我三歲兒子上的學前班（一歲半到六歲的兒童上的英文學校），舉辦了一場小朋友的發表會。

孩子們開開心心的唱歌跳舞。接著，有幾個大約八歲的畢業生走到臺上，用流暢的英文介紹了表演節目：「大家好，我是〇〇，下一個節目是三歲班的唱歌跟跳舞表演！」但很遺憾的，所有人手上都拿著稿子。他們說的內容，就算沒有稿子，也說得出來啊。就是因為看著稿子，讓他們在臺上時，臉始終朝著下方，讓人很難看清他們天真可愛的表情。

當然，他們敢站上臺在大家面前說話，實在勇氣可嘉。但我最擔心的，是怕他們從小開始，就養成了盯著稿子發表的習慣。無論是一對一交談，還是一對一千個人，都一樣是在和對方「溝通」。說不定，他們這種看著稿子說話的行為，是從大人身上學來的。

或許你也有過這樣的經驗，資料上面的資訊非常多而詳細，就算你想要邊看邊說，最後也因為太緊張，導致沒辦法好好唸上面的字。

結婚典禮上的感言、演講也是一樣。我當然能了解大家很慎重，想要做到完美無缺。然而，我希望大家至少在祝福新郎新娘、自我介紹、介紹自己與新郎新娘的關係時、獻上最後的祝福時，都要看著對方的眼睛，傳達自己的心意。

無論什麼場合，最初和最後的招呼或道歉，都應該要看著對方的眼睛表達出來。

如果你想要打破現狀，提升自己在事業上的成就，離自己的目標更進一步，那就更應該意識到，在發言、演講或做簡報時，把要說的內容都先刻進自己的腦海裡。如果只是讀資料，會讓你的說服力大大減弱。

就算可能會失敗，我也建議你應該嘗試。畢竟你已經開始閱讀本書了，相信對溝通有這麼高意識的你，一定做得到！

在眾人面前說話時，不要仰賴資料，要看著對方的眼睛，就能將你的熱情、專業，直接傳達給對方。除此之外，你還能擁有前所未有的成就感和自信呢！

24 只答不問，話題很難繼續

雖然我私下和這種只針對問題回答的人沒有往來，卻經常會在別處碰見。

比方說我和朋友在一起的時候，突然間巧遇了這位朋友的熟人Ａ。我的朋友因為顧慮到我與Ａ小姐的感受，因此就簡單的為我們做了介紹：「Ａ小姐，這位是擔任形象顧問的吉原。這位是在經營設計公司的Ａ小姐。」為了給朋友面子，我和Ａ小姐在朋友介紹完後，都應該要彼此打個招呼、交談一下。

打完招呼後，我問：「您的辦公室就在附近嗎？」對方回答：「對，就在附近的○○大樓。」再不然就是我說：「您穿綠色的裙子真的很好看呢！」對方接著回答：「因為我喜歡綠色。」

我本來預期對方會回問我，關於辦公室的相同問題，結果她回答完之後，就讓對話結束在一個不可思議的笑容裡，彷彿說著她對我完全沒有興趣。不過在這樣的狀況下，就算對對方沒興趣也無所謂，但為了不要讓介紹人沒面子，最好還是要彼此交談個一、兩句話。就像前面的那個問題：「您的辦公室在附近嗎？」對我而言，我認為這是對我的朋友與A小姐的一種禮貌。

在企業面試、相親時，也會有類似的狀況。有些人只會回答問題，卻不會回問對方。我相信這些人個性絕對不壞，卻沒辦法讓對方感到愉快。這種人除了溝通技巧的問題之外，還會讓人對他的印象大大扣分。

有一位跟我很親近的年長女性，在遇到類似前面的狀況時，對我和我同行的人都非常有禮。

我和同行友人一同巧遇了這位年長女性。簡單打過招呼後，我就把同行的朋友，介紹給這位年長女性。她當時是這麼說的：「珠央，妳的朋友好漂亮啊！」、「哎呀，妳們要去吃午餐啊？祝妳們聊得愉快喔！那麼再見啦、珠央、陽子（與我同行的友人），真高興認識妳！」她不著痕跡的給了朋友面子，也表露出細心與笑容，而且能以短短的對話做結，實在是令人佩服。

在工作上，我有一位美國友人在經營人才派遣公司，在同樣的狀況之下，我和在工作上有往來的顧客一起遇見了他。他不僅與我的顧客交換了眼神致意，同時也很誠懇的握了手。他對與我同行的人，表現出了敬意與關懷，讓我感受到他溫厚的個性與教養。

讓人覺得視野狹小、心胸狹窄、只回答問題的人，基本上可以分成以下三大類：

1. 很容易緊張。
2. 完全對對方沒興趣，只喜歡自己。
3. 單純就是很遲鈍、不貼心。

你不需要去思考要如何應對只會回答問題的人，因為那只是浪費時間。如果對方會對你帶來很大的影響（利益、權限等），那就另當別論。如果不是的話，你只要用沉穩的表情，保持沉默應付過那段時間就好。但是，你必須想點對策，防止自己被別人認為是只會回答問題的人。

最簡單的方法，就是看身邊有沒有人可以當作範本，並試著模仿他。

我自己在二十多歲的時候，也不算是個細心的人，在前輩或者很有實力的人面前，也表現得畏畏縮縮。那時候，我試著觀察身邊可以當範本的人並模仿。於是，我就能表現得像是一個很有自信的女性，並且可以很自然的與對方交談。

透過這樣的經驗，我發現有兩點能避免自己成為只回答問題的人，也能不讓自己的印象和評價受損。那就是：

1. 在最初和最後叫出對方的名字：「○○先生，初次見面。」、「○○小姐，很高興見到您。」

2. 用對方問的問題來反問對方：「我的辦公室在虎之門站附近。○○先生您的辦公室呢？」

※但對社會地位較高，或者知名人士提問的話，可能會失禮。

事不宜遲，請立刻張開嘴巴試著說出聲來，為下一次的偶遇做準備吧！

25 最高明的溝通：真心的拍馬屁

有人認為：「愛拍馬屁的人太糟糕了！」但我想反駁：「你連馬屁都不願意拍，那才失禮吧！」

一聽到拍馬屁，有很多人會覺得這種行為很虛偽，要對對方說謊、講一些場面話去諂媚對方，是種非常負面的行為。但我能直接告訴你，那是因為他們完全沒抓到拍馬屁的精髓。

很多拍馬屁的人，最原本的目的是想要取悅對方，或者也可以說服務精神旺盛（去除一些包藏禍心、想要欺騙或者跟犯罪有關的狀況）。反過來說，不願意拍馬屁的人，會給人一種高傲的印象。

拍馬屁，其實就是想讓對方開心，如果你把這種行為，想成是溝通的潤滑劑，那拍馬屁就可說是一種非常健全的禮儀了。如果你拍的馬屁，被人認為很諂媚、膚淺，那可能就有問題了，不過我認為人人都應該盡量去拍馬屁。

我對很重要的人認真的拍了馬屁，託此之福，我的書能夠出版，也得以和顧客建立良好的關係，甚至是因為朋友的介紹獲得了工作，我自認為拍馬屁的影響是非常大的。然而要認真的拍馬屁，就要認真的做調查，也要花腦筋去思考和聯想。

我這裡說的做調查，不是要你去委託徵信社，而是去觀察對方的外觀或者內涵，找出一個最有特徵或魅力的點，集中稱讚。比方說：「您簡直就是國家級貴賓的風範啊！」、「我第一次見到像田中先生您眼神這麼強而有力、給人印象如此深刻的人呢！」、「您的巨星丰采，讓我誤以為是哪個好萊塢的名人來了呢！」、「哇，那條項鍊才一千日圓嗎？戴在三田小姐您身上，我還以為是什麼名牌呢！」、「您的講解就像池上彰（按：日本的一位資深媒體人及學者）一樣淺顯易懂，讓我不禁都聽得出神了！」

要是對方有使用社群網站，你也可以事先去確認一下。請找出讓你最有印象的貼文或照片，至少準備三個感想或問題，再去和對方見面。

「本田先生，您上星期去倫敦出差，才剛回來就抽空與我見面，真是非常感謝！我看了您的臉書，您在倫敦穿的西裝都很好看呢！好有詹姆士．龐德的氣氛喔！」、

「渡邊先生，恭喜您在京都的店新開幕！我在網站上看到您的新店面，整體外觀看起來和京都傳統的街道非常融合，相得益彰！我也有追蹤您的 Instagram 喔！下次我去京都的話，一定會去您的店面逛逛！」

看對方是很有流行品味的人、或是很有商業頭腦的人，無論是什麼樣的人，都要配合他的個性與魅力去選擇語言。如果你能夠將資訊與對方的個性或魅力融合起來，認真的拍馬屁，不只能讓對方開心，對方可能還會告訴你：「其實我還發生了這些事喔！」讓你獲得其他新的資訊，也是拉近彼此距離的大好時機。

我的理論就是：「要拍馬屁就要認真拍！如果不是真心的，就閉上嘴巴。」人們對於其他人所說的話，比你想像的還要敏感。

我要再說一遍，請把拍馬屁當成是溝通的潤滑劑。如果你在拍馬屁的時候，感到羞恥、難為情，那或許是因為你還沒有完全相信自己語言的力量。若你希望對方信任你，希望能平等對談，那麼請試著找出一個對方的魅力，認真的用語言傳達給對方。

很有丰采，可以說成「有著引人注目的個性或風範」；總是能想出出人意表的點子，可以改成「擁有透視人心或時代的超高品味」；爽朗的笑容，則可說「是今年我遇到的人當中，笑容令人印象最深的」。你可以說得誇張一點，並且在拍馬屁的時候，不要猶豫或遲疑，要說得大方又乾脆。

但是有一點必須注意。在拍馬屁時，不要用否定他人的言論，像「最近的人腦袋都很差，但是你不一樣」，比起否定他人做出比較，最好的是要傳達出你自己「強烈這麼認為」的語氣，如此才能讓對方感受到你的真誠。除此之外，如果你在說的時候很害羞，也會讓人對你的可信度減半。

在拍馬屁的時候，你不需要刻意說得很激動，只要用平靜沉穩的語氣說出來就可以了。只要馬屁拍得真誠，你就能夠取悅任何人！

26 「這個人給人感覺還不錯」，朋友會這樣描述你嗎？

不知道你周圍是否有「就只是個感覺還不錯」的人？

例如，一個顧客，預約好了要去美髮院的時間，但是遲到了。她對美髮院的櫃檯人員這麼說：「今天早上我先生感冒了，因此我忙了一下才出門，真抱歉遲到了。」若你是這個美髮院的櫃檯，你會如何回應？

如果是我所說的那種，只是個感覺還不錯的人，大致上都會面帶微笑說：「沒有關係喔！」相反的，如果是個相當值得信賴的人，那麼他首先會這麼說：「在您先生狀況不好的時候，您還抽空來店消費，真是非常感謝。他現在的身體狀況還好嗎？」然後接著說：「今天我會加快為您服務。」搶先一步說出讓對方安心的話。

儘管是很細微的地方，但光是這些地方，就會讓人判斷這個人值不值得信任。

我以下要說的這些話，前提是在閱讀本書的各位讀者，都有明確的目的，想在工作或人際關係上和某人加深關係、希望能得到工作、一定要獲得他的信賴、想要成為那個人的夥伴或伴侶（工作夥伴、戀人、結婚對象等）。

對你來說，你的最終目的，應該是希望對方覺得你不只是一個能夠託付的人、想要在一起的人才對。說得極端一點，就算你給人的印象沒有那麼好，但只要能成為對方會選擇的人，那就可以了。所以只追求感覺還不錯，情況也不會好轉。

你給對方的感覺當然不能太差，然而如果這個感覺，無法獲得他人信賴，只是很表面的好印象的話，它就不會帶來任何好處。那我們究竟該怎麼做？答案非常簡單，那就是好好回應對方說的話。首先，就從不漏聽對方說的話開始做起。

說到這裡，前一陣子我為了買一雙有跟的鞋，去逛了精品店。

我把陳列在架上的鞋子拿下來，放在手裡看了一下。但因為跟想像的有點不一樣，所以打算放回架上。然而我試了一下，都沒辦法把鞋子照原本陳列的樣子擺回去，一旁的店員見狀，就看著鞋子說了一聲：「啊，讓我來放吧！」便把鞋子放回原處。當我說了聲謝謝之後，他一聲不吭的回到櫃檯去了。我當時覺得既不舒服，也覺得有什麼地方不大對勁。

如果那時店員與我對上眼，並對我說：「謝謝您把鞋子拿下來看（接過鞋子）！

讓我來放吧。如果您在找跟鞋的話，我們還有比這雙低一公分的鞋款，非常好走，要不要我拿來給您看看？」那麼我對他的印象，還有當下對買東西的欲望，都會完全不同吧。而我遇到的這位店員，與其說是只是個給人印象還不錯的人，不如說是個不努力要讓人感覺良好的人。

到頭來，我們對於和我們交談的人，都抱持著一些「想信賴這個人」、「希望這個人值得信賴」的期待吧。正因為如此，我們更要完全接收對方說的話語和資訊，並隨時保持警戒，才不會背叛了對方的期待。

如果能做到這點，自然而然就能做出值得信賴的反應：「非常感謝您在這麼忙的時候來店消費！」、「相信您先生還在家等您，我今天會特別加快速度的。」

如果你只是一個在顧客眼中「感覺還不錯的人」，那就太可惜了。從今天起，成為一個給人「感覺和反應都很好的人」吧。

27 遇到無禮的人，立馬走人

我是形象顧問，經常要面對顧客來諮詢簡報、溝通方面的問題，所以當我說我也有不知該如何應對的人，或許很多人會滿意外的吧。不過有些時候，我確實會覺得：「我實在不知道怎麼跟他往來。」

前幾天發生了一件事，讓我發現自己的心胸很狹窄，難為情到希望時間倒流。我認識一位女性友人，她總是用很自以為是的語氣，問我一堆隱私方面的問題，當我回答後，她又用那種毫不在乎的語氣回答：「是喔。」讓我非常不愉快（因為平常我很少會遇見她，因此就把她寫進書裡了）。

剛認識她時，我就覺得跟這個人有點不合拍，所以平常會特別注意，不要跟這個人太深交。某天，孩子們在公園裡玩時，我就和其他幾位媽媽們，在可以看到孩子們身影的不遠處坐下，彼此聊天。

這時，那位女性對我說：「我想去買個飲料，可是我現在身上沒錢耶，可不可以借我？」我就說：「當然可以啊。」並且把錢交給她。她買了飲料回到座位上，立刻說：「哎呀、（瓶蓋）怎麼打不開。幫我開。」她擺出一副全身無力的癱軟樣子，一邊嘆氣，連看都沒看我，就把寶特瓶像用丟的一樣給我。

其實在這之前，也發生了很多次讓我很不愉快的事，因此這時候，我就再也無法忍受了。我對她說：「不行耶，我現在指甲都裂掉了，沒辦法開。」拒絕了她。

她沉默不語的拿回寶特瓶，反倒是同桌的其他女性做出了回應：「我來幫妳開吧！」這時候，我覺得自己的腦海裡響起「鏘——」的一聲。

儘管已年過四十歲，我竟然還是會感到如此憤怒，內心做出「受不了」這種幼稚的拒絕，腦海甚至還出現了配音。這實在是太難為情了。如果地上有洞的話，真想要鑽進去，直到下一個季節都不出來啊。

沒錯，我對這種沒禮貌的人超沒轍。

不過就因為那位女性沒禮貌，而我也拒絕對方，讓我自己也覺得自己很沒禮貌，因此感到沮喪。與其說我很在意自己和那位女性的關係，不如說我因為失去了其他女性對我的信賴，因此對自己缺乏耐性而感到羞恥。還好孩子們並沒有發現這件事，算是不幸中的大幸吧。

在這個例子裡，我最想告訴大家的就是，即使是一瞬間的憤怒，也會讓人損失慘重，其後悔和傷害是無限深遠的。

其實這件事只不過是要不要開寶特瓶的瓶蓋而已。現在回想起來，如果我那時候能用冷酷的表情說：「可以啊！」然後迅速幫她打開就沒事了。我早就知道自己不喜歡那種人，那我就更應該在事前有所準備才對。例如如果我一直在心裡默念「要冷靜、要冷靜」，那麼結果一定會不一樣。

在工作中，我相信自己沒有因為做出像前面那樣沒禮貌的行為而後悔。不過，無論是工作還是日常生活，我們經常會遇到無法克制自己的情緒，進而失去他人信賴的狀況，所以了解自己、不要讓情況一發不可收拾、每天抱著適度的緊張感都很重要。

我還有一點想要告訴大家。假設你面前出現一個你認為很沒禮貌的人，這時最好的辦法就是淡然處之。具體要怎麼做？說得直白一點，就是什麼也別說，輕輕提起嘴角就好了！因為禍從口出，多講多錯。對沒禮貌的人，更不需要閒聊或說客套話。

在沒禮貌的人面前，為了要搪塞過關，你不需要勉強扮演一個好人。因為你越是這樣，看到對方那些自以為是的行為，很有可能越會覺得：「我明明那麼努力！」而變得更加憤怒。

如果是工作場合，你只要把精神集中在有必要的對話上就好了。若你放任自己的情緒，想著：「我就是要把想講的話都講出來！」而講出來的話，有九九%都是沒必要說的。

私底下，你只要和那些沒禮貌的人保持距離就好，不需要去靠近他們。如果是親戚間的往來、遇到將來很有可能會有生意上的往來等不能太疏遠的人，你也不必主動開口，擺出沉穩的表情來面對吧。

萬一無論如何你都忍不住，無法壓抑自己的情緒，那你可以想點辦法：「哎呀，我有個很重要的電話打來了，我去接一下電話。」、「我要去一下洗手間，不好意思！」離開現場。以上是我這個已經四十多歲，卻還是心胸狹窄的人的一點心得。

如果你很傻眼，覺得：「不就是開個瓶蓋嗎……。」的話，你就不用為了這種人擔心了，我自己如果換個立場聽到這件事，或許也會有一樣的感覺吧。

即使你不用擔心這種事，我也還是迫切的希望你能知道，「受不了！」、「真沒禮貌！」這些話，無論是自己還是對方，甚至是周圍聽到這句話的人，每個人都會因此而不愉快，所以希望你盡量不要使用。

假設你遇到了讓你情緒很激動的狀況，你就堅定意志，告訴自己：「絕不能說出一些沒必要的話。」並從平常就訓練自己淡然處之。

28 我們不需要閒聊，只需要有溫度的對話

每個人平常在說話的時候，應該都希望能被對方喜歡，或者不希望被對方討厭吧。我自己在工作時，因為要得到對方的信賴，才能獲得工作上的委託，所以我總是想著要選擇能創造利益的語言，因此沒有必要特地配合對方去閒聊。

與其用了一千句話，只為了不讓對話中斷，還不如把重點放在對方想說、說過的話上面，去發覺對方的魅力，或者對方沒有注意到的小地方，試著找出一句話，擊中對方的心，讓他有所反應。

有時候這一句話，很有可能是你不經意發掘的事，或者突然冒出來的疑問。例如你在和某個人交換聯絡方式，對方的 Line 頭像是寵物的照片。這時你就可以問他：「這是渡邊先生您的寵物嗎？」

當然你可以做出「好可愛」的反應，也可以說出自己當下的感覺：「哇，看牠的

表情，就覺得牠過得很幸福呢！」、「看得出來大家都很珍惜牠，投入了很多感情在牠身上。」等。

看到寵物的時候，不要光只是說一句：「好可愛！」而是要去想一下牠平常可能過著什麼樣的生活、受到什麼樣的照顧、你可以感受到飼主什麼樣的情緒等，就算是想像的也沒關係，你要試著去尋找一些適合的詞句。

假設你看到一個人，戴了一頂稱不上是很時尚的帽子，卻很有個性，你也可以這樣說：「哇！你戴這麼有個性的帽子怎麼會這麼搭！」要是你根本不覺得好看，卻還是勉強自己說：「哇，真是好看！」的話，或許稱得上是一種世故的處事之道，但這麼做的話，你自己很快就會累了。倒不如以這樣的角度做出反應：「你的帽子好奇怪喔！可是你竟然可以這麼大方的戴在頭上，真是帥氣！」

有的時候，就算你想要做出反應，卻因為有年紀的代溝、身分不同、業界或領域有所差異，讓你不知道該如何是好。例如一些在業界相當活躍、學經歷都可以被稱為菁英的人；在大企業帶領許多部屬，擔任部長級的主管；企業理事、創業家、醫師等，各式各樣與你不同背景的人。

儘管我沒有高學歷，對那些業界也不算精通，有時甚至還必須問一句：「那個單字是什麼意思？」當這些人在我面前時，我也還是能和他們暢談自如，不會膽怯。

你不需要擔心自己什麼都不懂，對方好像會看不起你。你甚至可以這樣說：「高橋先生您真是一位菁英，像我這樣的平凡人，對您的工作不太了解呢。」這麼一來，對方通常都會被我逗笑，說「我才不是什麼菁英呢」，或者是「嗯，這的確是有點難」，有時候甚至還會簡略的解釋給我聽。

他們之所以能活躍於那個領域，想必累積了許多努力、下了很多功夫。菁英為了要存活下來，不僅只是維持現狀，更為了能卓越超群，而一路贏得了許多激烈競爭。

你如果對這樣的背景有興趣、感到佩服，你可以試著問：「這是只有少數優秀的人才能做的工作吧，在英國研究癌細胞，每天究竟要做些什麼事？」這樣對方一定很願意簡明的告訴你。我甚至可以說，如果對方回答的不淺顯易懂，或者態度不親切，那他根本稱不上是菁英。

前陣子我認識了一對剛來日本的外國夫婦，他們的兒子和我兒子上同一個才藝班，因這個緣分，我們有了聊天的機會。

我得知這對夫婦在谷歌（Google）上班，便對他們說：「你們在谷歌上班啊！就是那個大家都在用的谷歌對嗎？你們的工作內容是什麼啊？（看到桌上放著的智慧型手機）啊，那個就是谷歌的手機『Google Pixel』對嗎？其實我之前一直很煩惱要換 iPhone 還是 Google Pixel，可是真是不好意思，因為那時候日本才剛開賣，所以我還是決定買 iPhone 了。但今天能實際上跟使用 Google Pixel 的人說話，實在是太開心了！我聽說相機功能很不錯，是真的嗎？」

對方便給我看了他孩子的照片，並說：「真的很棒喔，你看這個畫素……。」從這個話題開始，我們還聊了他們所屬部門的工作內容、育嬰假、和日本人的溝通等各式各樣的話題。

因為我說：「哇，好棒喔，要怎麼拍照？」所以對方也教了我拍照的方法。我不僅隨心所欲的問了一些問題：「接下來會有什麼大新聞嗎？」同時也聊到與自己工作相關的話題，並告訴他們：「兩位同時在工作，還沒習慣日本的生活吧，要照顧小孩可能會很辛苦，如果有什麼我幫得上忙的地方，請儘管說！」他們以放心的表情向我道謝：「謝謝妳這麼說！」那表情至今都還讓我印象深刻。

如果站在對方的角度對話，就不會用什麼專有名詞，就算不知道技術性的用詞，還是能夠聊得很開心。即使面對自己不熟悉的領域，你也不需要害怕，可以輕鬆享受對話。

當然，或許有些人不太喜歡聊工作，這時候你就要仔細觀察對方的反應。此外，有些人心地很壞，也可能有些人很瞧不起他人，但你不必因為這樣，就不懂裝懂，或是也裝得很了不起的樣子。請用率直的心情去對談，這樣你不會那麼有壓力，也就能聊得更愉快了。

若你覺得：「他的領域跟我懂的東西差太多了，真不知道該跟他說什麼才好。」那麼請試著回想起一個你跟對方最根本的共同點：我們都是人。

就算是繼承了傳統家業、看起來很難搞的人；或是總是畫一些令人費解、很有創作力的人；又或者是智商超高，十歲就跳級進入美國大學就讀的人，每個人一定多多少少都會希望能夠和他人進行開心、有溫度的對話。

我們並不需要閒聊。為了我們自己，也為了對方，請讓對談的時間變成一段熠熠生輝的時間吧。你想必已經擁有那些能擊中人心的話語了。

後記
無論什麼時代，基本功都是最重要的

非常謝謝你能讀到最後。

讀到這裡，如果你腦中浮現了一個對你而言很重要的人，而且你迫不急待的想和他見面交談的話，我會非常開心。

說到有關溝通的書籍，經常看到網路上有很多像這樣的書評：「書裡寫的都是一些大家都知道的道理，了無新意。」、「都是一些基本常識！」、「比較適合新手閱讀。」、「內容比較適合社會新鮮人」等。或許有人對這本書，也是這種感想吧。

當然，你可以自由思考、自由感受，不過如果要讓身為本書作者的我，充滿自信的講一句話，那麼我可以告訴你：「無論在什麼時代，基本功都是最重要的。」如果要活得像自己，只要你有需要幫助、想要保護的人，或是有想要得到的東西，那麼就不可避免的需要透過說話、交談。

這樣的對話和交談，無論是對誰，你都必須對對方抱持著敬意與感謝。無論你是高中生、社會新鮮人，還是對我來說是人生的大前輩，我都感謝你閱讀本書。你選擇了我的書、翻開閱讀，甚至讀到最後，將你寶貴的時間花在本書上，都是你與我之間的一種緣分，請務必重視這個緣分。

我在寫這本書的同時，日本的年號從平成轉變成了令和。相信今後世界的進展會更迅速，網路會更加發達，只要有一支智慧型手機，無論是購物、音樂、買電影票、安排旅遊，什麼事都能辦到，生活也會越來越便利。

儘管整個世界不停變化，不管是我出生的昭和年代，還是努力過來的平成年代，又或者是新的令和年代，我認為人與人之間的往來，對交談、對話的概念，似乎都沒有什麼改變。

我小學的時候，教室裡就貼有寫著「面帶微笑打招呼」、「記得說聲謝謝」的海報，這些內容對今天的小孩來說，也是理所當然的。

日本的義務教育就算再加上英文或電腦、網路課程，我們生活中對基本禮儀的要求，今後仍舊不會消失。我甚至希望這些基本的事物，今後也該繼續傳承下去。我希望在將來的日子裡，孩子們看到我們這些大人，也能感受到心靈相通的對話會讓人開心，並且有越來越多的人能這樣與人交談。

我深切的期望我們大人的社會，可以變成一個不講廢話，只講真心話，彼此愉快溝通著「真正想知道的事情」的世界。無論是在工作、愛情、友情、夫妻關係，或是日常的對話當中，我都深信自己的幸福是能夠無限提升。未來的我們會成為什麼樣貌，其根源就潛藏在我們每天的對話當中。

當然，我也期許自己每天要持續宣傳溝通的基本功（打招呼、基本禮儀、對對方的敬意與感謝），以及「不要閒聊，要鍛鍊自己的反應力」。

希望今後還能有機會再和大家相見。

最後，再次感謝閱讀本書的所有讀者，以及在日常生活中，所有我周遭的朋友與家人，讓我不斷有新的啟發與感觸。最後要謝謝從我第一本書出版至今，已經認識十年的幻冬舍的四本小姐，感謝您長久以來精闢的建議和溫暖的鼓勵。

國家圖書館出版品預行編目（CIP）資料

不說「我」，別人才聽你的：不聊天氣、不聊自己、隨身帶三種道具，當場提升工作評價和人際關係的聊天技術。／吉原珠央著；郭凡嘉譯. -- 初版. -- 臺北市：大是文化，2020.10

288 面；17×23 公分. --（Think；204）

ISBN 978-986-5548-00-1（平裝）

1. 說話藝術 2. 人際關係

192.32 109009755

Think 204

不說「我」，別人才聽你的

不聊天氣、不聊自己、隨身帶三種道具，當場提升工作評價和人際關係的聊天技術。

作　　者／吉原珠央
譯　　者／郭凡嘉
責任編輯／林盈廷
校對編輯／郭亮均
美術編輯／張皓婷
副 主 編／馬祥芬
副總編輯／顏惠君
總 編 輯／吳依瑋
發 行 人／徐仲秋
會　　計／許鳳雪、陳嫤娟
版權專員／劉宗德
版權經理／郝麗珍
行銷企劃／徐千晴、周以婷
業務助理／王德渝
業務專員／馬絮盈、留婉茹
業務經理／林裕安
總 經 理／陳絜吾

出 版 者／大是文化有限公司
臺北市 100 衡陽路 7 號 8 樓
編輯部電話：（02）23757911
購書相關資訊請洽：（02）23757911 分機122
24小時讀者服務傳真：（02）23756999
讀者服務E-mail：haom@ms28.hinet.net
郵政劃撥帳號／19983366　戶名／大是文化有限公司

法律顧問／永然聯合法律事務所
香港發行／豐達出版發行有限公司 Rich Publishing & Distribution Ltd
香港柴灣永泰道 70 號柴灣工業城第 2 期 1805 室
Unit 1805, Ph.2, Chai Wan Ind City, 70 Wing Tai Rd, Chai Wan, Hong Kong
Tel：2172-6513　Fax：2172-4355
E-mail：cary@subseasy.com.hk

封面設計／柯俊仰
內頁排版／顏麟驊
印　　刷／鴻霖印刷傳媒股份有限公司

出版日期／2020 年 10 月初版
定　　價／新臺幣 360 元
I S B N　978-986-5548-00-1（缺頁或裝訂錯誤的書，請寄回更換）